D1924000

Lina May

Meine fremde Tochter

Lina May

Meine fremde Tochter

Geschichte einer besonderen Liebe

HERDER

FREIBURG · BASEL · WIEN

Zum Schutz ihrer Familie schreibt die Autorin Lina May unter Pseudonym. Sämtliche Eigennamen in diesem Buch wurden verfremdet.

FSC
www.fsc.org
MIX
Papier aus verantwortungsvollen Quellen
FSC® C106847

© Verlag Herder GmbH, Freiburg im Breisgau 2012
Alle Rechte vorbehalten
www.herder.de

Satz: Layoutsatz Kendlinger, Freiburg
Herstellung: fgb · freiburger graphische betriebe
www.fgb.de

Printed in Germany

ISBN 978-3-451-30639-6

Inhaltsverzeichnis

Wenn du vor mir stehst und mich ansiehst, was weißt Du von den Schmerzen, die in mir sind und was weiß ich von Deinen. Und wenn ich mich vor Dir niederwerfen würde und weinen und erzählen, was wüsstest Du von mir mehr als von der Hölle, wenn Dir jemand erzählt, sie ist heiß und fürchterlich. Schon darum sollten wir Menschen voreinander so ehrfürchtig, so nachdenklich stehen wie vor dem Eingang zur Hölle.

Franz Kafka

Ein Brief an dich

Meine fremde Tochter, die Spuren deines „ersten“ Lebens sind noch sichtbar. Deine kleinen, fast unscheinbaren Narben. Aber dennoch unübersehbar, wenn wir uns die Mühe machen, genau hinzuschauen. Die Spuren sind spürbar, wenn du um dich schlägst und kämpfst, als würde es immer noch um dein körperliches Leben gehen. Die Spuren sind hörbar, wenn du schreist, tobst, schimpfst und Beleidigungen ausstößt, weil du glaubst, dass dich sonst niemand hört.

Und die Spuren sind fühlbar, wenn du verstummst, dich zurückziehst und still für dich weinst, weil du glaubst, dass niemand dich sieht, du ganz alleine bist … und auch nicht mit denen sprichst, die dich lieben und dir zur Seite stehen möchten.

Meine nicht mehr fremde Tochter, ich schreibe diese Zeilen an dich, damit du verstehst und dich erinnerst, was die Entwicklung in deinem Leben ausmacht.

Ich schreibe diese Zeilen für uns, damit wir verstehen und uns erinnern, was die Schwierigkeiten deiner Entwicklung, auch in unserem Leben, ausmachen.

Ich schreibe diese Zeilen, damit alle, die dir begegnet sind und noch begegnen werden, verstehen und sich weiterhin erinnern, was deine Entwicklung bedeutet und wie weit sie trotz aller Widrigkeiten fortgeschritten ist.

Und ich schreibe diese Zeilen, damit Menschen, die dich nicht kennenlernen konnten und können, verstehen und sich erinnern, was euch fremde Kinder ausmacht, wenn sie euch begegnen, eure Stärken und Schwierigkeiten annehmen und von euch lernen, wie sehr es sich lohnt, euch kennen und lieben lernen zu dürfen. Damit ihr und eure Geschichten uns nicht fremd bleiben!

Vorwort

Oft forsche ich in ihrem Gesicht, betrachte ihre gleichmäßigen Züge. Streichle ihren etwas breiten Nasenrücken. Schaue in ihre verschmitzten Augen mit dem Silberblick. Küsse ihren frechen Mund und kraule ihre Lockenpracht. Verglichen mit meinem dünnen, fusseligen Haar hat meine Tochter ein Attribut, um das ich sie beneide.

Manchmal betrachte ich auch die Narben, welche mein Kind in seinem bisher kurzen Leben davongetragen hat. Es sind kleine, zum Teil wulstige Zeichen, hauptsächlich auf Fingern und Handrücken, die im Laufe der Jahre verblasst sind, aber dennoch für immer an die Schmerzen erinnern werden.

Seit nunmehr acht Jahren habe ich Gelegenheit, die Narben meines kleinen Mädchens zu studieren, auch jene, die sich in ihre Seele eingegraben haben.

Die ersten Jahre seines bisherigen Lebens hat mein Kind bei anderen Eltern gelebt, den „Babyeltern", wie wir und auch die inzwischen Elfjährige ihre Erzeuger nennen. Für uns zweite Eltern, die „Kindeltern", war die Ankunft dieses kleinen Geschöpfs der aufregendste, bang erwartete und freudig begrüßte Wendepunkt eines zuvor kinderlosen Daseins. So wie für Millionen andere Eltern auch.

Mit dem Unterschied, dass unsere Tochter mit dreieinhalb Jahren und ihrer geballten bitteren Lebenserfahrung von einem auf den anderen Tag in unser Leben plumpste und es von Grund auf veränderte.

Kinderlose Jahre

Ich bin 35 Jahre alt, als ein freundlicher Mann im weißen Kittel mit einem einzigen Satz einen meiner Lebensträume zerplatzen lässt. „Sie können niemals Kinder bekommen", erklärt mir der Arzt nach einer Bauchspiegelung im Krankenhaus. Zwei Wochen zuvor war ich dort eingeliefert worden, nachdem mich Freunde zu Hause vor unerträglichen Unterleibsschmerzen zusammengekrümmt auf dem Sofa vorgefunden und in die Klinik gebracht hatten.

Nach Meinung des Mediziners ist eine Jahre zurückliegende Entzündung in beiden Eileitern die Ursache für meine Unfruchtbarkeit. Jetzt ist dieser Entzündungsherd wieder aufgeflammt. Außer Antibiotikum gegen die Entzündung hilft nichts, denn meine Eileiter sind vermutlich seit langer Zeit so verklebt und verwachsen, dass die Ärzte nicht einmal punktieren können.

„Können Sie das operieren?", frage ich mit leiser Stimme.

Der freundliche Frauenarzt schüttelt nachdenklich den Kopf und antwortet: „Selbst wenn wir sie operativ freiräumen könnten, würden die Eileiter innerhalb kürzester Zeit wieder verkleben." Dann fährt er fort: „Hatten Sie in der Vergangenheit gynäkologische Beschwerden? Wissen Sie, so etwas kommt vor: Eine Entzündung nistet sich ein und wird zwar behandelt, aber die Folgen sind erst viel später abzusehen ..."

Ich höre den Arzt reden und kann es trotzdem nicht begreifen: Ausgerechnet ich soll unfruchtbar sein? An mir soll es liegen, dass mein Mann Michael und ich keine Kinder bekommen, niemals Eltern werden können? Wieso habe ich mich nicht früher intensiv untersuchen lassen, als es mit einer Schwangerschaft nicht klappte? Vielleicht wäre dann alles anders gekommen.

Ich horche in mich hinein: Natürlich, da war etwas. Ich war 20 Jahre alt, als ich schon einmal mit extrem hohem Fieber und alarmierenden Entzündungswerten in ein Krankenhaus eingeliefert wurde und in den ersten Tagen sogar auf der Intensivstation landete. Damals sagten die Ärzte, eine verschleppte Harnleiterentzündung sei die Ursache für meinen Zusammenbruch. Vier Wochen lang bekam ich täglich hohe Antibiotikum-Dosen mittels Infusionen durch meine Venen geschickt, bis ich als geheilt nach Hause entlassen wurde.

Geheilt, na super, aber jetzt bin ich unfruchtbar, denke ich, obwohl ich weiß, dass ich ungerecht bin. Welcher Frauenarzt hätte damals erkennen können, dass meine Erkrankung so weitreichende Folgen haben würde? Ganz abgesehen davon wurde ich erst in die Klinik eingeliefert, nachdem ich während meines Jobs mit fast 42 Grad Fieber zusammenbrach und Kollegen für den Transport ins Krankenhaus sorgten. Natürlich hatten die Schmerzen viel früher begonnen, aber ich wollte nicht auf meinen Körper hören und ging weiter zur Arbeit. Denn ich brauchte diesen Job. Krankheiten kann ich mir finanziell nicht leisten, sagte ich mir. Vier Jahre zuvor war ich zu Hause ausgezogen und finanzierte mich ohne Unterstützung meiner Eltern.

Während der Krankenhausarzt wie aus weiter Ferne mit mir spricht, überlege ich: Vermutlich sollte ich mich jetzt doppelt glücklich schätzen, meine Nachlässigkeit zwei Mal überlebt zu haben. Aber um welchen Preis? Dabei hatte ich doch in den Jahren nach meiner ersten Erkrankung regelmäßig die üblichen Kontrollen bei meinen Frauenarzt wahrgenommen. Von drohender Unfruchtbarkeit war nie die Rede. Allerdings gab es auch keine Anhaltspunkte, keine körperlichen Beschwerden mehr, die meinen Frauenarzt zu einer Bauchspiegelung veranlasst hätten.

Wäre ich damals nur rechtzeitig zum Arzt gegangen, um mich auf meine Fruchtbarkeit testen zu lassen, als es bei mir und Michael nicht klappte. Selbst schuld, denke ich wie betäubt, nachdem mich der Krankenhausarzt mit einem warmen Händedruck aus seiner Sprechstunde entlassen hat. Wie soll ich diese Neuigkeit, die uns eine lang gehegte Frage beantwortet, meinem Mann erklären: „Du

Schatz, ich weiß jetzt, warum wir kein Kind bekommen! Ich habe vor Jahren mit meiner Gesundheit geschlampt ..."

Auf dem Weg zurück in mein Krankenzimmer lasse ich die vergangenen Jahre Revue passieren. Es ist einfach kurios, dass ausgerechnet ich nicht Mutter werden kann! Schließlich war ich schon immer sehr kinderlieb. Als Vierzehnjährige hatte ich mein erstes selbst verdientes Taschengeld für Babysitter-Dienste bekommen. Nachdem ich als Sechzehnjährige zu Hause ausgezogen war, verdiente ich zehn Jahre lang meinen Unterhalt als Tagesmutter. Meine Arbeit wurde nicht gut bezahlt, weil den fast ausschließlich alleinerziehenden Müttern meiner Tageskinder finanziell Grenzen gesetzt waren. Aber ich brauchte sie dringend, um meine Schauspielausbildung zu finanzieren und ich liebte meinen Job.

Nach meiner Heirat, ich war 27 Jahre alt, gab ich meine Kindergruppe ab und folgte Michael in eine andere Stadt, weil er von seiner bisherigen Universität weg wollte und dort einen Studienplatz bekommen hatte. Ich fand ein Engagement an einem freien Theater.

Mein frisch gebackener Mann und ich waren uns einig: Schluss mit dem Kinderhüten. Jetzt sind wir selbst an der Reihe. Und wenn ein Kind kommt, kriegen wir das auch während seines Studiums hin. Als Freiberuflerin hätte ich jederzeit aussetzen können. Michael studierte eifrig Medizin, um Infektologe zu werden.

Nachdem unser Kinderwunsch in den ersten zwei Ehejahren nicht fruchtete, ließ er sich untersuchen. „Fangen wir erst mal bei mir an", hatte er zuvor gesagt. „Wenn die Kollegen nichts finden, sehen wir bei dir weiter." Bei den Untersuchungen wurde eine Krampfader in einem von Michaels Hoden festgestellt, die nach Meinung der Ärzte durchaus einen Kinderwunsch hätte vereiteln können und er unterzog sich der erforderlichen kleinen Operation.

Michael promovierte und ging dann wegen eines medizinischen Zusatzstudiums nach London. Ich hingegen zog nach Paris, um eine zweijährige Chanson-Ausbildung zu beginnen und blieb insgesamt fünf Jahre, da ich in verschiedenen Formationen sang und Theater spielte. Dementsprechend waren wir beide beschäftigt, hatten jedoch wenig Geld und konnten uns nur ein paar Mal im Jahr besuchen. Aus diesem Grund machten wir uns wenig Gedanken, warum ich trotz Michaels Operation nicht schwanger wurde. „Der richtige Zeitpunkt wird eben noch kommen", sagten wir uns beide. Kinder gehörten fest zu unserer Lebensplanung und irgendwann würde es eben passen. Und jetzt diese niederschmetternde Diagnose.

Abends kommt Michael ins Krankenhaus. „Was ist denn los?", fragt er, als er mein Gesicht sieht. Ich fange endlich an zu weinen und erzähle. Michael nimmt mich tröstend in seine Arme und sagt: „Das ist doch nicht deine Schuld. Und es gibt ja noch andere Methoden, Nachwuchs zu bekommen." Ich mache mich aus seinen Armen los, starre ihn an, forsche in seinem Gesicht. Meint er das ernst? „Du meinst eine künstliche Befruchtung?", frage ich. Michael nickt und lächelt.

In meinem Kopf rasen die Gedanken: Natürlich, das könnte die Lösung sein! Aber wie geht das überhaupt? Wir haben immer noch wenig Geld, Michael ist gerade erst mit seinem zweiten Studium fertig geworden. Was kostet so eine Behandlung? Bezahlt das die Krankenkasse? Wie hoch ist die Wahrscheinlichkeit, auf diesem Weg ein Kind zu bekommen? Michael scheint meine Gedanken zu erraten. Er nimmt mich erneut in die Arme und streicht mir über die Haare: „Wenn du einverstanden bist, werden wir uns in aller Ruhe erkundigen. Aber jetzt wirst du erst einmal ganz gesund und kommst wieder zu mir nach Hause!"

Warten und Hoffen

Wir reden viel über diese Möglichkeit, horchen immer wieder in uns hinein. Da ich nach meinem Krankenhausaufenthalt ohnehin in kurzen Abständen zu meinem Frauenarzt gehe, schließt sich Michael bei einem der Termine an, um mit mir die entscheidende Frage zu stellen. Was würde eine künstliche Befruchtung für uns bedeuten?

„Ich denke, dass dies einen Versuch wert ist. Bei Ihrer eindeutigen Diagnose wird die Krankenkasse sicherlich mitspielen", antwortet der Frauenarzt in meine Richtung und erklärt, dass die Kassen unentgeltlich drei Behandlungen genehmigen. (Leider ist das heute nicht mehr der Fall: Seit 2004 werden die Kosten bei gesetzlich Versicherten für einige Leistungen nicht mehr voll übernommen.) „Aber Sie sollten sich klarmachen, dass die Erfolgsaussichten bei einer künstlichen Befruchtung nicht gerade berauschend sind", so der Arzt, „die Erfolgsrate liegt nur bei circa 25 Prozent."

Dann nennt er uns die Adresse einer Klinik. „Ich kenne den Professor sehr gut. Wenn Sie entschlossen sind, es zu versuchen, sind Sie dort gut aufgehoben", sagt er und sieht mich an. „Sie sind zwar Kassenpatientin, aber ich werde Sie weiterempfehlen, damit Sie eine Chefarztbehandlung bekommen."

Michael und sehen uns an. Als wir die Praxis verlassen, legt Michael den Arm um mich und sagt: „Du musst das so sehen: Jeder vierte Versuch ist erfolgreich!"

Wir machen einen Termin in dem Krankenhaus aus, das sich auf künstliche Befruchtungen spezialisiert hat. Vor unserem Beratungsgespräch in der Klinik beschließen wir, dass wir nur die drei von der Krankenkasse bezahlten Versuche in Angriff nehmen und uns bei einem Scheitern endgültig von unserem Kinderwunsch verabschieden wollen. Außerdem sind wir davon überzeugt, dass eine zu verkrampfte Haltung ohnehin keinen Erfolg bringen kann.

Wir kennen einige Paare, die sich verzweifelt ein Kind wünschen und trotz guten medizinischen Voraussetzungen keinen Erfolg haben.

„Wenn nur noch das im Leben zählt, spielt offenbar die Psyche nicht mit“, sage ich zu meinem Mann.

„Wat kütt, dat kütt“, antwortet Michael, ein geborener Rheinländer. Und warum sollten wir kein Glück haben?

Zwei Wochen später sitzen wir dem Professor gegenüber. Ich bin angespannt, Michael hält ruhig meine Hand. Das Sprechzimmer ist hell und gemütlich eingerichtet. Der Chefarzt ist Mitte Fünfzig und macht einen sehr vertrauenswürdigen Eindruck. Ich entspanne mich etwas und höre zu, was uns der Mediziner zu sagen hat. „Im Grunde ist eine künstliche Befruchtung, die so genannte In-Vitro-Fertilisation, kurz IVF, eine natürliche Befruchtung. Mit dem Unterschied, dass der Samen und die Eizellen im Reagenzglas verschmelzen und nicht im Eileiter der Frau. Zunächst werden die Spermien des Mannes auf ihre Anzahl und Beweglichkeit geprüft. Bei Ihrem Mann wissen wir aufgrund seiner Voruntersuchungen bereits, dass die Qualität gut ist.“

Ich muss grinsen. „Das ist ja wenigstens etwas“, sage ich und knuffe meinem Mann in die Seite.

„Es muss Ihnen klar sein, dass eine IVF eine langwierige Behandlung ist, die einiges an Geduld und Nervenkraft erfordert“, sagt der Professor. Wir nicken beide und fragen wie aus einem Mund: „Wann können wir anfangen?“

Daraufhin erklärt uns der Professor den weiteren Vorgang: „Zunächst nimmt Ihre Frau ein Medikament, das die Aktivität ihrer Eierstöcke blockiert. Zusätzliche Hormongaben durch Spritzen lassen Eizellen heranreifen. Nach circa zwei Wochen werden diese mit Hormonen auf den Eisprung vorbereitet und so fruchtbar gemacht. Ich punktiere, das bedeutet, ich entnehme fünf bis fünfzehn Eizellen und lege sie in eine Nährflüssigkeit. Die Spermien Ihres Mannes werden aufbereitet und mit den Eizellen zusammen gebracht. Nach zwei bis drei Tagen sind achtzellige Embryonen entstanden. Bis zu drei von ihnen werden in die Gebärmutter Ihrer Frau eingepflanzt. Dann warten wir ab und hoffen auf das Beste.“

„Warum pflanzen Sie nicht mehr als drei Embryonen ein?“

„Das ist in Deutschland nicht erlaubt, weil die Gefahr einer Mehrlingsschwangerschaft zu groß ist“, erwidert der Professor. „Falls bei der Reifung der Eizellen mehrere gut entwickelte Embryonen entstehen, könnten diese eingefroren werden.“

Neugierig frage ich weiter: „Und was passiert dann mit ihnen?“

Der Professor lächelt mich an: „Sie sind laut Gesetz das alleinige Eigentum der Eltern. Falls die ersten drei IVF-Versuche scheitern, gibt es immer noch die Möglichkeit, die eingefrorenen Embryonen einsetzen zu lassen.“

Das sind doch gute Aussichten, sagen wir uns und fahren nach Hause. Wenig später wird die Behandlung von meiner Krankenkasse genehmigt und wir stürzen uns mit medizinischer Begleitung in das „Abenteuer Kind“.

Die verordneten Medikamente vertrage ich hervorragend. Als es daran geht, Hormone zu spritzen, empfinde ich die Tortur zwar als nervig, aber erträglich. Mein Mediziner-Gatte ist ein Fachmann an der Spritze, aber ich gewöhne mich schnell daran, mir selbst die Nadel unter mein Bauchfett zu schieben. „Glücklicherweise habe ich ja genug Speck als Untergrund“, sage ich zu Michael. Die Punktion meiner Eizellen geschieht unter lokaler Betäubung und ist völlig unkompliziert. Zwei Tage danach ist es so weit.

„Jetzt ist es dein Part“, sage ich zu Michael, „zeig, was du kannst!“ In dieser Zeit fragen uns einige unserer Freunde mit peinlich berührter Miene: „Wir wollen euch ja nicht zu nahe treten, aber wie macht Michael das eigentlich? Führt ihn eine Krankenschwester in ein Krankenhauszimmer und gibt es dort diese schmuddeligen Videos und Heftchen, damit er … na ja, ihr wisst schon?“ Meinem Mann macht es einen Höllenspaß, die Neugierde zu befriedigen. Als Mediziner ist ihm nichts Menschliches fremd. „Ja sicher", antwortet er grinsend, „aber die Krankenschwester verlässt das Zimmer wieder. Und ich stelle mir dann vor, Lina wäre bei mir."

Nach meiner Punktion und Michaels Samenspende ist das Labor an der Reihe, aus unserem Erbgut ein Kind entstehen zu lassen. Werden meine Eizellen und Michaels Samen zusammenfinden? Am Tag darauf kommt der bang erwartete Anruf aus der Klinik: Fünf vielversprechende Eizellen haben sich mit dem Samen meines Mannes vereint. Drei dieser Embryonen sollen den Weg in meine Gebärmutter finden, zwei werden eingefroren. Immerhin darf Michael an meiner Seite sitzen, als die drei befruchteten Eizellen in meine gut präparierte Gebärmutter eingesetzt werden. Ich liege in einem kleinen Operationssaal auf einer Liege, die jeder Frau von Besuchen bei ihrem Gynäkologen vertraut ist. Doch statt Vorsorgekontrolle und Krankheitsdiagnose geht es für mich jetzt um die Aussicht auf neues Leben.

„Jetzt machen wir ein Kind", denke ich und sehe großzügig darüber hinweg, dass auch unser behandelnder Chefarzt und eine Krankenschwester bei dem großen Ereignis anwesend sind. Ich starre abwechselnd an die Decke und zu Michael, der meine Hand hält. Nach ein paar Minuten ist alles vorbei und ich stelle fest, dass es gar nicht wehgetan hat. Der Eingriff ist winzig, umso großartiger könnte das Ergebnis sein.

Eine Krankenschwester schiebt mich auf einer Liege in ein Mehrbettzimmer. Dort soll ich zwei Stunden ruhen, bis ich mich fit genug fühle, um wieder nach Hause zu gehen. Michael wacht an meinem Bett. Ich habe zwei Bettnachbarinnen, die ebenfalls in Begleitung ihrer Männer da sind und unsere Ankunft aufmerksam beobachten. Dann erfahren wir zum ersten Mal, dass der Kontakt mit anderen Paaren auch sehr desillusionierend sein kann. Eine der Frauen hat ihren dritten Embryonen-Transfer hinter sich. „Beim ersten Mal hat es nicht geklappt, beim zweiten Mal wurde ich schwanger", erzählt sie mit leiser Stimme, während der Mann ihre Hand streichelt. „Leider hatte ich dann eine Fehlgeburt."

Auch meine andere Bettnachbarin namens Silvia hat bereits drei Versuche hinter sich. „Heute hat der Professor die uns verbliebenen zwei tiefgefrorenen Eizellen eingepflanzt", berichtet sie und fügt mit schmerzlich verzogenem Gesicht an: „Die Qualität ist allerdings nicht so gut, wir haben wenig Hoffnung. Wenn es wieder nicht klappt, versuchen wir es im Ausland auf eigene Kosten, weil die Krankenkasse dann nicht mehr für uns zahlt. Außerdem werde ich bald vierzig Jahre alt, das ist ja in Deutschland die Altersgrenze für eine IVF. Im Ausland spielt das Alter keine so große Rolle und nach dem dortigen Gesetz dürfen auch mehr als drei befruchtete Eizellen eingesetzt werden. Zudem werden die Embryonen selektiert, das ist ja nach dem deutschen Gesetz verboten." Das bedeutet ja, dass im Ausland die besten Embryonen ausgewählt werden, denke ich staunend. „Aber die Behandlung ist sehr teuer. Hoffentlich können wir das Geld aufbringen", sagt Silvia leise.

Ich denke: Oh je, wie wird es uns ergehen? Werden wir auch so verzweifeln wie Silvia und ihr Mann, wenn die Behandlung nicht anschlägt? Wenn im Ausland mehr als drei Embryonen eingesetzt werden, kommt es doch bestimmt sehr häufig zu Mehrlingsschwangerschaften. Selektion, ist das überhaupt vertretbar? Und die Jüngste bin ich auch nicht mehr. Wollen wir ein Kind um jeden Preis? Ich schaue meinen Mann an. Er lächelt mir aufmunternd zu. Als wir die Klinik verlassen dürfen, wünschen wir den beiden Paaren alles Glück der Welt.

Zu Hause angekommen, versichern wir uns noch einmal gegenseitig, dass wir uns bei einem Scheitern nicht endlos quälen, sondern die Situation akzeptieren wollen. In den folgenden Tagen bewege ich mich wie auf rohen Eiern. Ich fühle mich schwanger. Ab und zu ist mir übel. Meine Brüste spannen. Nach solchen Hormongaben ist das aber auch kein Wunder, denke ich. Doch Michael denkt ausschließlich positiv. Hin und wieder legt er seine Hand auf meinen Bauch und spricht den Embryonen gut zu: „Wenigstens einer von euch dreien bleibt gefälligst da drinnen und wächst und gedeiht!"

Ich schäme mich manchmal ein bisschen dafür, dass wir mit solcher Vehemenz versuchen, künstlich ein Kind zur Welt zu bringen. Die Erzählungen der „Leidensgenossinnen" in der Klinikabteilung für Reproduktion und ihr verzweifelter Kampf um ihre Nachgeborenen verstärkt manchmal mein schlechtes Gewissen. Schließlich haben Michael und ich zu Beginn unserer Beziehung wie viele unserer Altersgenossen die Meinung vertreten, lieber ein Kind adoptieren zu wollen, als eigenen Nachwuchs zu bekommen. Als 1961 Geborene gehöre ich nicht zur Generation der 68er, ebenso wenig wie meine Eltern, aber ich war ein Teil der Friedensbewegung und bin auch durch meinen sozial engagierten und sehr kinderlieben Vater geprägt. Er hat als Regierungsdirektor im Bildungsministerium unter anderem das Projekt „Integrative Gesamtschule" mit auf den Weg gebracht. Leider starb er viel zu früh, um die Umsetzung des von ihm mitgestalteten Konzepts erleben zu können. Mein Vater hat sich immer für die Integration sozial oder gesundheitlich benachteiligter Kinder eingesetzt. Er hätte eine Adoption befürwortet, dachte ich damals wie heute. Es gibt so viele elternlose Kinder auf der Welt, warum ein leibliches bekommen? Das ist doch egoistisch, sagte ich damals häufig zu Freunden, wenn wir über unsere Zukunftspläne sprachen. In Michael fand ich einen Seelenverwandten. Interessanterweise verlor sich diese Überzeugung bei mir und Michael aber spätestens in dem Moment, als der eigene Kinderwunsch konkret wurde. Eigentlich traurig, denke ich. Aber jetzt wächst ein Kind in meinem Bauch, das hoffe ich zumindest. Eine Adoption kommt auch später in Frage, oder nicht?

Zehn Tage nach der Einpflanzung der Embryonen bekomme ich eine Blutung. „Das darf nicht wahr sein", sage ich zu Michael, „ich habe mich doch schon so gefühlt, als würde ein Baby oder gar drei in meinem Bauch wachsen." Michael und ich hätten auch drei Babys behalten, sie waren herzlich willkommen. Aber der Schwangerschaftstest bei unserem freundlichen Professor ergibt: Keiner der Embryonen hat sich eingenistet.

„Lassen Sie sich Zeit", rät der Chefarzt. Michael merkt, wie ich emotional strauchele und versucht mich zu motivieren: „Beim ersten Versuch klappt es selten, das ist normal", sagt er. Klar, normal, aber nichts ist normal bei diesem Akt des Kinderkriegens beziehungsweise beim Versuch: Keine körperliche Liebe, da sie für die Behandlung nicht wesentlich, unter Umständen sogar schädlich ist, das glauben frisch transplantierte Eizellen-Trägerinnen jedenfalls. „Oh Schatz, ich habe dich auch lieb, aber vielleicht schadet es den Embryonen." Ich könnte auch gleich äußern, bitte nicht vor dem Kind, denke ich, wenn Michael kuscheln möchte und muss dann doch lachen. Mein Mann versteht und geduldet sich – so wie ich.

Vier Mal werden befruchtete Eizellen in meine Gebärmutter eingepflanzt, die eingefrorenen Embryonen eingeschlossen, vier Mal Hoffnung, Medikamente, Krankenhausaufenthalte und dieses ewige Warten auf die Resultate. Vier Mal Enttäuschung. Eineinhalb Jahre sind vergangen. Das war es, aus und vorbei, denke ich. Aber ich hatte mich ja darauf eingestellt. Auch Michael ist traurig, aber gelassen. „Das Leben hat mehr zu bieten als ein Elterndasein", sagt er und stürzt sich in seinen Beruf.

Ich beschließe, mich auf meine künstlerische Arbeit zu konzentrieren und versuche, meine Unfruchtbarkeit mit Humor zu nehmen. Wenn ich mit Freundinnen über das Thema Kinderlosigkeit rede, witzele ich manchmal in Bezug auf meine breiten Hüften: „Da hätte ich mir mein gebärfreudiges Becken aber auch sparen können." Mit dem Hinweis auf die Gebärfreudigkeit meines Beckens hatte mich meine Mutter in meiner Pubertät zu trösten versucht, wenn ich wieder einmal feststellte, dass Röhrenjeans auf breiten Hüften und ausladendem Hinterteil einfach blöd aussehen.

Ich bemühe mich, nicht traurig zu werden, wenn wieder eine Geburtsanzeige von Freunden kommt. Vor Kurzem sind mein jüngerer Bruder und seine Frau Eltern eines Sohns geworden. „Du gibst bestimmt einen prima Onkel ab“, sage ich zu Michael. „Und unser Neffe wird später hoffentlich unser Ferienkind.“

Doch dazu soll es nicht kommen. Nach zehn Jahren zerbricht meine Ehe mit Michael. Wir haben uns auseinander gelebt. Nicht nur räumlich, auch emotional haben wir uns immer mehr voneinander entfernt. Nach endlosen Diskussionen und etlichen Versuchen, unsere Beziehung zu retten, trennen sich unsere Lebenswege endgültig.

Michael hat sich in eine andere Frau verliebt. Ich fühle mich um unsere Zukunft betrogen, weiß aber, dass die Trennung nichts damit zu tun hat, dass wir nicht Eltern wurden. Vielleicht ist das ja auch besser so, denke ich jetzt, Scheidungskinder haben es schwer. Trotzdem bin ich traurig: Jetzt muss ich nicht nur mit meinem Wunschdenken auf ein Familienleben abschließen, sondern auch mit unserer Zweisamkeit. Ich breche meine Zelte ab und ziehe wieder in eine andere Stadt, um ein neues Leben zu beginnen.

Ein neues Leben mit Simon

Vier Jahre später habe ich als Schauspielerin und Sängerin Fuß gefasst und neue Freunde gefunden. Eines Tages gehe ich mit meiner Freundin Jule, die ebenfalls Sängerin ist, in eine Musikkneipe, um ein Konzert zu hören. Die Zuhörer sitzen wie aufgereiht auf Bänken vor dem Barhocker, auf dem der Musiker konzertiert.

Ich bin leicht genervt, denn Jule ist mit zwei jungen Männern ins Gespräch gekommen. Ich kann aufgrund der Lautstärke im Lokal an ihrer Unterhaltung nicht teilnehmen, obwohl der Musiker gerade Pause macht und an der Bar steht.

Plötzlich öffnet sich die Tür und ein dunkelhaariger, gut aussehender Mann marschiert herein, schaut sich prüfend um und macht Anstalten, sich auf dem Barhocker des Musikers niederzulassen, da er ansonsten keinen freien Platz finden kann. Ich rufe: „Dort sitzt der Musiker, hier neben mir ist noch Platz." Ich denke mir nichts bei dieser Einladung, möchte nur behilflich sein. Mein neuer Banknachbar und ich kommen schnell ins Gespräch. „Ich heiße Simon", sagt er. Dann erzählt er mir, dass er vor zweieinhalb Jahren wegen eines beruflichen Angebots zugezogen ist und sich seine Freundin und er nach zehnjähriger Beziehung vor eineinhalb Jahren getrennt haben. „Ich kenne hier nur wenige Menschen", erklärt Simon. „Da meine damalige Freundin in einer anderen Stadt wohnt und arbeitet, bin ich am Wochenende meistens gependelt." Ich denke, na ja, dann könnte ich den jungen Mann ja mal ein bisschen unter meine Fittiche nehmen. Seit einigen Jahren gestalte ich in einem kleinen Theater mit zwei Kollegen das abendliche Programm. Dort trete ich auch regelmäßig mit meiner Band auf und präsentiere Chanson-Programme. „Komm doch mal vorbei", sage ich zu Simon, denn ich habe es mir zur Aufgabe gemacht, neue Zuschauer zu akquirieren. „Dort kannst du haufenweise Leute kennenlernen!"

Später hat mich Simon oft damit aufgezogen, ich hätte es von vornherein auf ihn abgesehen gehabt.

Bevor wir uns verabschieden, gebe ich Simon meine Telefonnummer. Einige Zeit später ruft er an und besucht mich noch am gleichen Abend im Theater. Von da an kommt er regelmäßig. Ich habe bald den Eindruck, dass ihn nicht nur das Kulturprogramm interessiert. Ich denke: Oh Gott, er ist doch ein Banker und so jemand passt doch gar nicht zu mir! Anzugträger sind mir suspekt. Einige meiner Freunde, die Simon kennenlernen, sagen: „Wie ein typischer Banker sieht er aber gar nicht aus." Aber was ist schon typisch? In seiner Freizeit trägt Simon Jeans und T-Shirts. Ich gewöhne mich schnell an Simons gradlinige und besonnene Art. Er hat manchmal seine Schwierigkeiten mit meinem überschäumenden Temperament, scheint dies als Gegenpol aber auch zu genießen. Wir verbringen immer mehr Zeit miteinander.

Unsere Liebesbeziehung beginnt in kleinen Schritten, aber bald sind wir umso verliebter. Wir entdecken viele Gemeinsamkeiten, zum Beispiel das Tanzen. Wir verbringen alle verfügbare Zeit miteinander und sind glücklich. Nach wenigen Monaten ziehen wir zusammen und richten uns in unserem neuen Leben ein.

Nach eineinhalb Jahren Beziehung stelle ich fest, dass Simon offenbar eine „Kleinigkeit" fehlt, um unser Glück noch vollkommener zu machen. Er ist sehr kinderlieb und beschäftigt sich bei Familienfesten oft lieber mit dem Nachwuchs unserer Verwandten als mit den Erwachsenen.

Eines Tages sitzen wir gemütlich aneinander gekuschelt auf unserem Wohnzimmersofa. Ich erzähle Simon, dass ein befreundetes Paar, das sich seit Langem Nachwuchs wünscht, über eine künstliche Befruchtung nachdenkt. „Ich würde mich sehr für sie freuen, wenn es klappt", betone ich.

Da sagt Simon: „Schade, dass es bei Michael und dir damals nicht geklappt hat. Dann wäre ich jetzt vielleicht Stiefpapa."

Ich zucke zusammen. Was meint Simon damit? Wünscht er sich denn ein Kind? Er kennt meine Geschichte, hat sich aber bisher nie zu dem Thema geäußert. Und ich habe doch eigentlich längst damit abgeschlossen. Na klar, er ist 39 Jahre alt und gesund. Warum sollte er nicht Vater werden wollen? Ich kann ihm aber diese Chance nicht bieten und bin inzwischen 42 Jahre alt. Eine weitere künstliche Befruchtung kommt allein wegen meines Alters nicht in Frage. Ich schaue Simon an: „Du hättest schon gerne ein Kind, oder? Aber dann müsstest du dir auch eine neue Frau suchen." Simon schaut ernst zurück und sagt mit tiefer Stimme: „Ja, das müsste ich dann wohl." Als er meinen erschreckten Gesichtsausdruck sieht, fängt er an zu lachen und nimmt mich in seine Arme. „Du glaubst doch wohl nicht, dass ich dich jemals austauschen würde. Doch ich hätte mir eine kleine Version von Dir gefallen lassen, obwohl das für mich bestimmt ziemlich anstrengend wäre. Ich komme ja jetzt schon kaum zu Wort. Aber Spaß beiseite: Wir könnten doch ein Kind adoptieren."

Ich schiebe Simon weg, um ihm ins Gesicht zu sehen. Es dauert eine Weile, bis ich meine Sprache wiederfinde. Dann öffne ich den Mund: „Aber Schatz, ich bin bestimmt viel zu alt für eine Adoption und wir sind noch nicht mal verheiratet." Simon sieht mir fest in die Augen, legt seine Hände auf meine Schultern und sagt mit ruhiger Stimme: „Das ließe sich ändern. Würdest du mich unter den gegebenen Umständen heiraten?" Ich muss lachen.

„Wir werden sehen, mein Schatz. Aber wenn ich kurz darüber nachdenke, würde ich dich vermutlich auch ohne die gegebenen Umstände ehelichen."

Wir reden und reden, auch mit unseren besten Freunden, deren kleine Tochter Kim manchmal bei uns übernachtet. „Das ist doch eine tolle Idee, versucht es einfach", sagen Corinna und Holger. Gemeinsam durchforsten wir das Internet zum Thema Adoption. Unseren Familien verraten wir erst einmal nichts von unseren Überlegungen. „Wenn es nicht klappt, haben wir nur alle umsonst verrückt gemacht“, meint Simon. Ich denke an die Aufregung um meine künstliche Befruchtung und nicke. Vor allem meine Mutter möchte ich lieber nicht einweihen. „Sie würde bestimmt versuchen, es uns auszureden“, sage ich zu Simon. Er nickt zustimmend.

Je mehr wir über das Adoptionsverfahren erfahren, desto mehr ist Simon Feuer und Flamme. Ich freue mich über sein Engagement und bin gleichzeitig unsicher: Kennen wir uns lange genug, um so einen Schritt zu gehen und wird unsere Beziehung das aushalten? Würde ein Jugendamt akzeptieren, dass ich eine Scheidung hinter mir habe, dass ich 42 Jahre alt bin? „Wir erkundigen uns einfach beim Jugendamt, wie unsere Chancen stehen“, schlägt Simon gradlinig wie immer vor. Am nächsten Morgen rufe ich bei der Pflege- und Adoptionsvermittlung unserer Stadt an. Eine Mitarbeiterin erklärt mir freundlich, aber bestimmt: „Wenn Sie an einer Adoption Interesse haben, sollten Sie erst einmal einen unserer offenen Informationsabende besuchen.“ Sie nennt mir die Termine. Ich bedanke mich und lege auf. Als Simon abends nach Hause kommt, beschließen wir, den nächsten Termin wahrzunehmen.

Zwei Wochen später ist es soweit. Wir sind gespannt auf das was uns erwartet und ziemlich aufgeregt. In dem kleinen Konferenzraum des Jugendamts hat sich ein Dutzend Paare eingefunden, die sich ebenfalls aufgeregt an den Händen halten. Ich schaue mich um. Der Raum ist mittelgroß und freundlich gestaltet. Komisch, dass so ein Jugendamt leicht Beklemmungen auslöst, obwohl es hier doch ganz gemütlich ist, überlege ich. Man denkt automatisch an Familiendramen.

Noch ahne ich nicht, dass Simon und ich uns bald in den Räumen des Amts fast wie zu Hause fühlen werden. Ich sehe mir die anderen Interessenten an. Niemand scheint Notiz von den anderen zu nehmen. „Alle wirken so angespannt“, flüstere ich Simon ins Ohr.

„Ruhig Blut", erwidert Simon, „noch werden wir nichts gefragt, bekommen aber hoffentlich Antworten."

Die referierende Mitarbeiterin vom Jugendamt macht einen sympathischen und offenen Eindruck. Sie erklärt uns die rechtlichen Grundlagen einer Adoption. Besonders an einem Punkt ihres Vortrags bin ich extrem aufmerksam. „Gesetzlich gibt es in Deutschland für eine Adoption keine Altersgrenze nach oben. Doch in der Praxis der meisten Jugendämter werden Babys und Kleinkinder nur an Paare vermittelt, die nicht älter als 35 Jahre sind", erzählt die Frau. „Allgemein gilt die Faustregel: Ab dem 35. Lebensjahr der Adoptionsbewerber zählt jedes Lebensjahr des Kindes."

Dementsprechend käme für mich mit meinen beinahe 43 Jahren ein acht Jahre altes Adoptivkind in Frage, überlege ich. „Zählt denn jetzt das Alter der Frau oder das des Mannes?", flüstere ich Simon zu.

„Vielleicht sollen wir erst einmal davon ausgehen, dass es für dich insgesamt von Vorteil ist, einen fast vier Jahre jüngeren Mann abgekriegt zu haben", flüstert Simon grinsend zurück und drückt meine Hand.

Merkwürdigerweise stellt keiner der Teilnehmenden Fragen, obwohl die Referentin uns dazu ermuntert. Ich habe eine Menge Fragen, halte mich aber dennoch zurück. Wenn ich jetzt eine inkompetente Frage stelle, wird sich die Jugendamtsmitarbeiterin vielleicht mein Gesicht merken und ich komme nicht mehr als Bewerberin in Frage, denke ich und finde meinen Gedanken gleichzeitig kindisch. Vermutlich geht es aber den anderen Teilnehmern genauso. Erst später erfahre ich, dass Zweifel bei einem Adoptionsverfahren dazu gehören und auch erlaubt sind.

„Wenn Sie sich weitergehend für eine Kindesannahme interessieren, sollten Sie sich bei uns schriftlich vorstellen und Ihre Beweggründe nennen. Wir rufen Sie dann an, um einen Termin zu vereinbaren", sagt die Referentin mit leicht forschendem Blick in die Runde ihres Auditoriums. „Sie müssen sich aber klarmachen, dass so eine Entscheidung ihr gesamtes Leben und das des Kindes verändert. In erster Linie geht es uns um das Wohl der Kinder. Und vergessen Sie nicht, dass diese Kinder eine Herkunft haben und eigene Persönlichkeiten sind."

Wir gehen in Gedanken versunken nach Hause. „Ich finde es gut, dass die Absichten der Bewerber so gründlich geprüft werden", sagt Simon und greift wieder nach meiner Hand. „Schließlich ist das die wichtigste Entscheidung unseres Lebens. Aber bisher fühlt es sich gut an!" Ich lächle und bin in Gedanken schon beim Verfassen unseres Bewerbungsbriefes – meinen Zweifeln zum Trotz.

Weil wir uns vorher gründlich über das Internet informiert haben, hat es Simon und mich bei dem Vortrag nicht überrascht, dass aufgrund unseres Alters kein Säugling in Frage kommt. Aber hätten wir das überhaupt gewollt?

„In den Internetforen steht, dass die meisten Adoptionsbewerber ein Baby möchten", sage ich zu Simon. „Aber überleg mal, wie alt wir wären, wenn unser Adoptivkind in die Pubertät kommt, wenn es erwachsen ist. Und was passiert mit den Kindern, die älter sind? Finden auch sie neue Eltern oder wachsen sie in Heimen auf, weil sich Adoptionswillige nicht an sie herantrauen?"

Simon stoppt mein Gedankenkarussell. „Erstens stellt sich für uns ja gar nicht die Frage nach einem Baby. Und zweitens ist es nicht mal klar, ob wir ein älteres Kind zu uns nehmen dürften. Komm, wir schreiben jetzt erst einmal unseren Brief ans Jugendamt."

In dem Schreiben stellen wir uns vor und erzählen, was uns zu einer Adoptionsbewerbung bewogen hat und dass wir uns ein älteres Kind wünschen. „Wir wollen aus eigener Überzeugung sowohl einen Altersabstand wahren als auch ein Kind annehmen, das es schwer hätte, neue Eltern zu finden. Wir sind uns bewusst, dass ein größeres Kind auch eine ganz eigene Geschichte mitbringt, die ein

Zusammenleben beeinflussen kann. Aber wir sind überzeugt, genug Liebe geben zu können, um schwierige Situationen zu meistern", schreiben wir. Ich überfliege unseren Text auf der Suche nach Fehlern. „Ich würde mir trotzdem wünschen, dass unser Kind nicht allzu groß ist", sage ich dann zu Simon. „Meine Großmutter hat immer gesagt: kleine Kinder, kleine Sorgen; große Kinder, große Sorgen. Ein Kind, das aus der Familie genommen wird, hat bestimmt einiges erlebt."

Und Simon antwortet: „Nur Geduld – denn die brauchen wir in jedem Fall!"

Einige Zeit nach dem Versenden unseres Bewerbungsbriefes erhalte ich einen Anruf aus dem Jugendamt. „Frau Schuster möchte Sie in drei Wochen sehen", verkündet die freundliche Stimme am Telefon.

Ich melde mich sofort bei Simon in der Bank: „Wir haben einen Termin!" Ich bin glücklich, die erste Hürde ist überwunden. Als Simon abends nach Hause kommt, drückt er mich an sich und sagt: „Jetzt kann es losgehen."

Obwohl der erste Beratungstermin steht, glauben Simon und ich nicht so recht daran, dass es in Deutschland für uns möglich ist, ein Kind zu adoptieren. Wir denken an eine Adoption aus dem Ausland, weil wir erfahren haben, dass in Deutschland wenige Kinder vermittelt werden, beziehungsweise dass es mehr adoptionswillige Bewerber als zu vermittelnde Kinder gibt. „Außerdem bist du ja extrem alt. Aber ich jüngerer Mann werde dich später über jede Schwelle tragen", scherzt Simon. Ich kneife ihn in die Wange. „Träum nur weiter. Wir Frauen werden im Allgemeinen älter als ihr Herren der Schöpfung!"

Die Altersgrenze ist zwar in einigen Ländern höher, dafür kostet eine Auslandsadoption allerdings sehr viel Geld. Simon verdient gut, wir könnten es uns leisten. Nach dem Informationsabend im Jugendamt hatten wir uns telefonisch bei einer Organisation für Auslandsadoptionen erkundigt. „Die Überprüfung eines Antrags läuft auch über das Jugendamt Ihrer Stadt. Damit es später mit der Anerkennung keine Schwierigkeiten gibt, sollten Sie sich zuerst dorthin wenden", hatte uns eine Mitarbeiterin der Vermittlungsstelle geraten.

Am Morgen vor dem Termin bin ich sehr aufgeregt. Hoffentlich kommen wir als Adoptionsbewerber gut an, denke ich beim Frühstück und bekomme kaum einen Bissen hinunter. Simon isst wie immer mit gutem Appetit. Er scheint meine Gedanken zu erraten: „Komm jetzt Schatz, wir werden ein tolles Elternpaar abgeben."

Die Flure der Adoptionsvermittlungsstelle sind hell und freundlich, an den Wänden hängen Fotos mit lachenden Kindern darauf. Wir stehen vor der geschlossenen Tür von Frau Schusters Büro und betrachten eines der Bilder. „Schau mal, wie glücklich sie aussehen. So soll es bei unserem Kind auch sein", sagt Simon mit zärtlicher Stimme. Mir wird warm ums Herz. Dann klopfen wir an.

Als Frau Schuster öffnet, sehen wir eine freundlich lächelnde und attraktive Frau mittleren Alters vor uns. „Kommen Sie rein", sagt sie nach einem herzlichen Händedruck und deutet auf eine kleine Sitzecke. Ich finde sie auf Anhieb sympathisch. Simon und ich nehmen Platz und halten uns an den Händen. Über dem Schreibtisch von Frau Schusters Büro hängen einige Fotos und Zeichnungen von Kindern. Vielleicht von Adoptivkindern, die sie vermittelt hat, überlege ich und sehe sie mir neugierig aus der Entfernung an.

„Ich weiß ja schon einiges aus Ihrem Bewerbungsschreiben", sagt Frau Schuster. „Aber jetzt möchte ich gerne von Ihnen persönlich hören, warum Sie sich für eine Adoption interessieren."

Simon und ich schildern abwechselnd, warum wir keine leiblichen Kinder haben können und wie wir uns über Adoptionen informiert und mit dem Thema auseinandergesetzt haben.

„Sie haben sich ja offensichtlich schon viele Gedanken gemacht", sagt Frau Schuster und erklärt dann: „Sie müssen sich immer bewusst sein, dass jedes Adoptivkind leibliche Eltern hat. Gerade ein älteres Kind musste bereits Verluste erleiden. Diese Kinder erfordern viel Geduld und Akzeptanz der besonderen Situation. Aber zunächst einmal möchte ich von Ihnen einen Lebensbericht mit der Angabe Ihrer Gründe, warum Sie ein Kind adoptieren möchten. Außerdem brauche ich Fotos neueren Datums, ärztliche Gesundheitsatteste von Ihnen beiden, polizeiliche Führungszeugnisse und Verdienstnachweise." Kein Problem, denke ich, Simon nickt mir zu. „Zusätzlich benötige ich Ihre Heiratsurkunde und gegebenenfalls Scheidungsnachweise, falls das auf Sie zutrifft."

Auweia, das war ja zu befürchten. „Da gibt es ein Problem", sage ich zögerlich. „Wir sind noch nicht verheiratet, aber ich bin bereits geschieden." Dann beeile ich mich zu sagen: „Aber heiraten wollen wir natürlich!" Simon grinst und Frau Schuster schmunzelt.

„Nun, dann bringen Sie mir erst einmal die erforderlichen Unterlagen und füllen Sie bitte zu Hause in aller Ruhe unseren Fragebogen für Adoptionsbewerber aus. Bei unserem nächsten Treffen sehen wir weiter. Bei unserem Überprüfungsverfahren müssen Sie mit etwa sechs Monaten rechnen, da kann sich noch viel ereignen. Und eins sollten Sie noch wissen: Wir suchen keine Kinder für Eltern, sondern Eltern für Kinder."

Das ist ein sehr schöner Gedanke, sage ich mir. Wir bekommen einen neuen Termin und werden von Frau Schuster freundlich verabschiedet. „Glaubst du, wir haben bei ihr Chancen?", frage ich Simon auf dem Heimweg. Er bleibt stehen und schließt mich in seine Arme: „Wir sind auf einem guten Weg!"

Behördengänge

Simon und ich sitzen tagelang an dem Fragebogen, obwohl es bei der Beantwortung keine größeren Diskussionen zwischen uns gibt. Ich bin stolz auf unsere gemeinsame Wellenlänge. Wir sehen uns die Fragen an und ich schreibe unsere Antworten nieder, da Simon davon überzeugt ist, dass seine Schrift ohnehin niemand lesen könnte. Viele Fragen sind kniffelig. „Schau mal hier", sagt Simon und er liest: „Welche Einflüsse halten Sie für besonders bedeutsam für die Entwicklung des Kindes?" Wir reden und ich schreibe: „Zwar werden durch Gene Grundlagen bestimmt, aber Menschen werden durch ihr Umfeld geprägt. Liebe und Nähe schaffen Vertrauen. Kinder, die das nicht erleben, schlechte Erfahrungen machen, werden ängstlich, vorsichtig oder auch aggressiv. Ein Mensch, der seine Herkunft nicht kennt, wird eventuell irgendwann nach seinen Wurzeln suchen. Adoptiveltern können dabei helfen, klären, mit der Herkunft, den Wurzeln, der Nationalität vertraut machen." Simon räuspert sich. „Oha", sagt er dann grinsend, „ich sehe schon bildlich vor mir, wie wir unserem südamerikanischen Kind Meerschweinchenbraten auftischen."

Ich patsche Simon auf die Hand. „Niemals! Wenn es ein Meerschweinchen will, dann kriegt es ein lebendiges zum Liebhaben." Er lacht. Ich beuge mich wieder über den Fragebogen. „Schau mal hier, Simon: Was empfinden Sie gegenüber Eltern, die sich von ihren Kindern trennen?"

Er meint wie aus der Pistole geschossen: „Das kommt auf die Situation an."

Ich sage: „Das schreibe ich hin. Und auch: Die Trennung könnte auch eine Chance für das Kind sein. Kaum eine Frau würde ihr Kind leichtfertig weggeben; das ist wohl immer eine schwere Entscheidung."

Simon greift nach meiner Hand und sagt: „Das machst du gut!"

Wir sehen uns die nächste Frage an: Würde es Sie verunsichern, wenn die Eltern straffällig, drogenabhängig waren oder die Mutter eine Prostituierte? Wir sehen uns an und schütteln kategorisch den Kopf. „Oder wenn die Eltern eine Sonderschule besucht haben", lese ich weiter vor. Simon und ich sind uns einig: „Intelligenz lässt sich ja nicht unbedingt an der Schulform messen, die Umstände können sehr ausschlaggebend sein. Natürlich würden wir uns über ein cleveres und aufgewecktes Kind freuen, aber das lässt sich nicht so einfach pauschalisieren." Ich schreibe die Sätze wortgetreu auf, denke an meinen Vater und sage laut: „Wie wahr!"

Glücklicherweise habe ich noch keine Ahnung davon, wie sehr uns die Auseinandersetzung mit dem deutschen Regelschulsystem Jahre später in Atem halten wird.

Auch bei den Punkten Frühgeburt, körperliche Behinderungen und chronische Erkrankungen sind wir uns einig. Damit hätten wir auch bei einem leiblichen Kind rechnen müssen. Wir beschließen die Formulierung: „Nicht unbedingt ein Hindernis, es kommt auf den Fall an. Was wären die Anforderungen an uns Eltern?"

Besonders lange reden wir über die Frage: Welche Schwierigkeiten erwarten Sie bei der Eingewöhnung des Kindes? Ich schreibe: „Dass das Kind mit dem Erlebten fertig werden, sich an uns und ein neues Zuhause gewöhnen muss. Wir erwarten Verhaltensauffälligkeiten wie Bettnässen, Misstrauen, Angst, Aggression. Dass das Kind reagiert, weil es Angst hat, erneut verlassen zu werden. Bei älteren Kindern ist es auch durchaus möglich, dass Sätze kommen wie: Ich gehe zu meiner richtigen Mama zurück. Es ist uns bewusst, dass ein Kind von uns viel Ausdauer und Verständnis fordern und uns sicherlich auch häufig an unsere Grenzen stoßen lassen wird." Erst viel später wird uns bewusst, dass Frau Schuster unsere Antworten sicherlich aufmerksam gelesen hat und wir ihr vielleicht auch deshalb unser Kind verdanken. Heute wissen wir: Die eigentliche Überprüfung der Adoptiveltern erfolgt erst durch das Kind!

Nach dem Fragebogen machen wir uns an das Aufschreiben unserer Biografien. Das muss jeder von uns allein bewältigen und ich habe den Eindruck, dass es Simon weitaus leichter fällt als mir. Er kommt aus einer kinderreichen Familie. Seine vier Geschwister und er erlebten eine behütete Kindheit und auch ich wurde in der Familie mit offenen Armen empfangen. In meiner Familie haben sich hingegen einige Dramen abgespielt, weil meine Mutter an einer Zwangserkrankung leidet und leider nie therapiewillig war. Meine beiden Brüder und ich stellten für sie eine Belastung dar. Denn meine Mutter, ein ehemaliges Flüchtlingskind, kann keine Unordnung und keinen Schmutz ertragen. In unserer Wohnung war es so klinisch sauber, dass wir Kinder vom Fußboden hätten essen können, was natürlich nicht erlaubt war.

Wenn meine Patentante zu Besuch kam, sagte sie immer: „Bei euch sieht es aus wie in einer Möbelausstellung." Schwierige Verhältnisse für aufwachsende Kinder, die spielen wollen und ein Eigenleben brauchen. Meine Mutter fing schon an zu schreien, wenn wir durchs Wohnzimmer liefen und die Teppichfransen verrutschten. Diese wurden dann mit einem breiten Kamm und viel Hingabe wieder in Form gebracht. Wenn meine Mutter einkaufen ging, schickte sie uns zum Spielen nach draußen aus lauter Angst, dass wir etwas in Unordnung bringen könnten.

„Ich hätte auch sehr gut mit eurem Vater alleine leben können", sagte sie uns manchmal. Aus diesem Grund hatte ich mich als Sechzehnjährige selbstständig gemacht und war meine eigenen Wege gegangen. Meine Mutter hat bis heute wenig Zugang zu uns und ihren Enkeln. Kinder, also kleine, fordernde, spuckende, sandige, klebrige und laute Wesen, zerstören ihre erzwungene innere Ordnung. Sie hätte auch einige Probleme damit gehabt, wenn ich auf natürlichem Weg Mutter geworden wäre. Eine Adoption würde sie ganz sicher nicht befürworten. Als ich meine Mutter einmal als Jugendliche fragte, warum sie ausgerechnet drei Kinder bekommen hat, zuckte sie die Schultern und sagte: „Es gab eben noch keine Pille."

Ich bin mir unsicher, wie Frau Schuster solche Informationen aufnehmen wird. Als ich mit Simon über meine Befürchtungen rede, sagt er: „Du bist nicht deine Mutter. Und unsere Eltern haben allesamt den Zweiten Weltkrieg erlebt. Die Folgen haben auch wir Kinder mehr oder weniger zu spüren bekommen. Es kommt nur darauf an, wie du damit umgehst."

In meinen Aufzeichnungen für das Jugendamt habe ich meine Familiengeschichte nur anklingen lassen. Jahre später sagte mir die frühere Betreuerin unserer Tochter bei einem Zufallstreffen auf der Straße: „Frau Schuster und ich wussten, dass es mit der Bindungsfähigkeit Ihrer eigenen Mutter nicht zum Besten stand und hatten reiflich überlegt, bis wir zu dem Entschluss kamen, dass Sie dennoch die richtige Mutter für dieses Kind sind. Sie haben eine Menge Lebenserfahrung und Energie für schwierige Situationen."

Über ihre Aussage habe ich mich unglaublich gefreut.

Bei unserem zweiten Treffen in Jugendamt nimmt Frau Schuster unsere Unterlagen entgegen und fragt: „Könnten Sie sich auch vorstellen ein Pflegekind aufzunehmen, falls es mit einer Adoption nicht klappt?" Was soll das bedeuten, ist es denn schon so sicher, dass eine Adoption für uns nicht in Frage kommt? Die Gänge des Jugendamts sind neben den Kinderfotos gespickt mit Plakaten, die für eine Pflegschaft werben. Insbesondere Kurzzeitpflegeeltern werden dringend gebraucht. Ich schaue zu Simon. Er räuspert sich und sagt: „Wir sind uns beide einig, dass wir einem Kind für immer ein Zuhause geben wollen und wissen, dass Pflegekinder mitunter wieder aus den Familien genommen werden. Unser Ziel ist eine Adoption."

Ich setze hinzu: „Wissen Sie, Frau Schuster, ich bin inzwischen 43 Jahre alt. Wir wünschen uns ein Kind, für das wir lange Zeit sorgen können. Wenn es nicht möglich wäre, ein uns anvertrautes Kind bald zu adoptieren, können wir damit leben. Aber wir möchten Beständigkeit für uns alle drei."

Frau Schuster lächelt mir zu und ordnet unsere Papiere auf einen Haufen. „Wie Sie mir ja bereits sagten, käme ja auch eine offene Adoption in Frage. Dass Kinder den Kontakt zu ihren Herkunftseltern wahren, ist von unserer Seite gewünscht, soweit es dem Wohl des Kindes dient. Ich sehe mir Ihre Unterlagen an. Und jetzt gehen wir erst einmal Ihren Fragebogen durch." Gesagt, getan. Ich beobachte Frau Schuster beim Lesen unserer Antworten; insgesamt wirkt sie zufrieden. Wir schütteln Frau Schuster die Hand und sind wiederum entlassen.

„Ob das wohl ein Fehler war, eine Pflegschaft gleich abzulehnen?", überlege ich laut, als wir wenig später bei unserem Lieblingsspanier einen kleinen Imbiss nehmen. „Schließlich werden manche Pflegekinder ja auch zur Adoption abgegeben, wenn sie lange in der Familie sind."

Simon greift nach meiner Hand und streichelt sie. „Wir haben uns für ein Adoptivkind entschieden. Jetzt sehen wir erst einmal, was daraus wird."

Beim dritten Termin im Jugendamt besprechen Frau Schuster und wir unsere biografischen Aufzeichnungen. Ich habe den Eindruck, dass mich unsere Betreuerin besonders streng beobachtet. „Haben Sie das Gefühl, mit ihrer Familiengeschichte abgeschlossen zu haben?", fragt sie mich schließlich. Ich rutsche etwas unruhig auf dem Stuhl hin und her und antworte: „Ich habe mich vor Jahren in einer Therapie damit auseinandergesetzt. Viele Menschen aus der Kriegsgeneration sind traumatisiert. Ich war lange Zeit mit den Folgen eines Traumas konfrontiert, habe viel reflektiert und kann vielleicht gerade deshalb ein Kind mit schwieriger Vergangenheit gut unterstützen." Frau Schuster lächelt, dann klappt sie unsere Akte zu und gibt uns die Hand: „In drei Wochen komme ich zu einem Hausbesuch."

Frau Schusters Besuch beunruhigt uns in keiner Weise. Wir haben eine schöne Altbauwohnung in einer gefragten Wohngegend mit ausreichend Parks, Spielplätzen, Kindergärten und Schulen.

Am besagten Tag trinkt Frau Schuster in unserer gemütlichen Küche einen Kaffee, schaut sich anerkennend um und erklärt dann beim Abschied: „In unserem Amt ist eine Anerkennung als Adoptiveltern nur bis zum Alter von 45 Jahren möglich." Ich erwidere: „Das ist für uns völlig akzeptabel, weil wir ohnehin keine allzu alten Eltern sein wollen." Simon nickt und legt den Arm um mich. „Sie hören von mir", sagt Frau Schuster und geht die Treppe hinunter. Simon schließt die Tür, küsst mich und sagt: „Siehst du, der letzte Satz von Frau Schuster klang schon fast wie ein Einverständnis."

An einem Montag im März 2004, wenige Monate nach Beginn unserer Bewerbung, werden wir vom städtischen Jugendamt als etwaige Adoptiveltern anerkannt. Frau Schuster hat uns in ihr Büro gebeten und die freudige Nachricht mitgeteilt. Für uns ist das ein großartiger Moment.

Simon fragt Frau Schuster: „Können wir uns jetzt an eine Vermittlungsstelle für Auslandsadoptionen wenden? Denn unsere Chancen in Deutschland sind ja sehr gering." Frau Schusters Antwort verblüfft uns sehr: „Warten Sie erst einmal ein Jahr lang ab, bevor Sie sich an eine solche Vermittlungsstelle wenden." Wir schlucken beide, fragen aber nicht weiter nach.

Auf der Straße merke ich, wie Ärger in mir aufsteigt und ich sage zu Simon: „Das ist doch total unlogisch: Wieso sollen wir jetzt ein Jahr warten? In zwei Jahren bin ich doch schon 45 Jahre alt und dann wäre es zu spät."

Er antwortet: „Ich verstehe das auch nicht. Mit einer solchen Auflage verlieren wir wertvolle Zeit!" Trotzdem gehen wir an diesem Tag mit unserer offiziellen Anerkennung glücklich nach Hause.

Am darauffolgenden Mittwoch, zwei Tage nach unserer Anerkennung, habe ich einen Kabarett-Auftritt in Köln. Simon hat sich freigenommen und mich begleitet. Als wir am Donnerstagmorgen nach Hause zurückkehren, finden wir eine Nachricht von Frau Schuster auf dem Anrufbeantworter vor: „Wir hätten da ein kleines

Mädchen, das dringend neue Eltern braucht! Melden Sie sich bei mir."

Ich habe plötzlich ganz wacklige Knie und sinke auf unser Wohnzimmersofa. Simon lässt sich neben mich fallen und schlingt die Arme um mich. Auch er ist blass um die Nase. Wir schwanken beide zwischen Glücksgefühl, Aufregung und Ängsten: Geht das nicht alles etwas zu schnell? Wer ist dieses kleine Mädchen? Wie sieht es aus? Was hat es erlebt? Wird es uns als seine neuen Eltern akzeptieren? Und: Dürften wir dieses Kind überhaupt zu uns nehmen? Simon vergräbt sein Gesicht an meinem Hals und flüstert in mein Ohr: „Los, du mutige Fast-Mama, ruf schon im Jugendamt an."

Am Telefon muss ich mich zurückhalten, Frau Schuster nicht mit unseren Fragen zu überschütten. Sie ist auch gar nicht weiter gesprächsbereit, sondern erklärt sachlich: „Das Mädchen ist dreieinhalb Jahre alt und hat eine schlimme Geschichte hinter sich. Es lebt seit acht Monaten in einem Übergangsheim. Wenn Sie wollen, können Sie gleich morgen Vormittag kommen. Ich und meine Kollegin, die für das Kind zuständig ist, werden Ihnen dann alles Weitere von der Kleinen berichten." Ich sage mit fester Stimme zu und lege vor Aufregung zitternd auf. Als ich mich nach Simon umdrehe, hat er bereits sein Handy in der Hand, um sich für den folgenden Tag im Büro abzumelden.

Dann rufe ich meine beste Freundin Corinna an. „Sitzt du?", frage ich, „Wenn nicht, dann setz dich lieber."

Sie stammelt: „Okay, wieso?"

Ich bemühe mich, ruhig und bedächtig zu klingen: „Simon und ich werden Eltern!" Eigentlich wollte ich ein „Vielleicht" hinterherschieben, aber das geht in der losbrechenden Geräuschkulisse unter. Corinnas freudiges Quietschen am anderen Ende der Leitung werde ich niemals vergessen. „Ruf mich an, ruft uns unbedingt morgen nach dem Termin an", skandiert Corinna am Ende unseres Telefonats.

„Ich glaube, jetzt weiß ich, warum Frau Schuster nicht wollte, dass wir uns sofort an eine Vermittlungsstelle für Auslandsadoptionen wenden", sagt Simon, „vermutlich dachte sie da schon an dieses kleine Mädchen!"

Wir reden, lachen und planen den ganzen restlichen Tag bis in die späten Abendstunden. Eine schlimme Geschichte war bei einem älteren Kind zu erwarten, sagen wir uns immer wieder. Warten wir es ab. Unsere Zweifel sind erst einmal wie weggeblasen, unser Traum von einer Familie konkretisiert sich.

Aufgeregt aber hoffnungsfroh treffen wir am nächsten Morgen im Jugendamt ein. Frau Schuster bietet uns Tee an und macht uns mit Frau Klein bekannt. Sie ist älter als unsere Betreuerin, sieht strenger aus und schaut uns auch weniger wohlwollend entgegen als Frau Schuster. Zumindest kommt mir das so vor. Ich denke: Sie ist für das kleine Mädchen verantwortlich. Kein Wunder, dass sie uns prüft. Simon drückt meine Hand. „Jetzt möchte ich erst einmal einiges von Ihnen hören", sagt Frau Klein. Wir erzählen ausführlich, was Frau Schuster bereits weiß. Frau Klein stellt hin und wieder Fragen. Die Stimmung entspannt sich.

„So, und nun berichte ich Ihnen von dem Mädchen", sagt Frau Klein. Und sie erzählt. Simon und ich halten uns fest an den Händen und sind sehr bewegt. Je länger Frau Klein berichtet, desto mehr nimmt die kleine Person, um die es uns allen geht, Gestalt an. Aber mir fehlt ein Gesicht dazu. Frau Schuster hatte uns gesagt, dass bei einem ersten Informationsgespräch keine Fotos des Kindes gezeigt werden. Dennoch fasse ich mir ein Herz und frage nach: „Dürfen wir ausnahmsweise ein Foto der Kleinen sehen?" Zu unserem Glück lenken Frau Klein und Frau Schuster ein. Sie zeigen uns ein Foto, das im Kinderheim aufgenommen wurde. Der Anblick des kleinen lockigen Mädchens rührt uns beide zutiefst. Und dann fällt auch noch dieser Name: Subaia, „kleine Löwin". Spätestens ab diesem Zeitpunkt erobert dieses Kind unsere Herzen. „Sie schielt ja", sagt Simon gerührt.

„Oh ja“, antwortet Frau Schuster lachend, „und wie! Vermutlich ist das eine Folge ihrer Frühgeburt. Aber das lässt sich korrigieren.“ Ich denke insgeheim: Ob sich die Spuren von Subaias bisherigem Lebens wohl auch korrigieren lassen?

Subaia! Was für ein wunderschöner Name. Wir sehen uns an und sind bereits hoffnungslos verliebt in unsere noch fremde Tochter.

Subaia

„Was genau ist Subaia in ihrer Familie passiert?", fragen wir Frau Klein und Frau Schuster. Was wir dann erfahren, nimmt uns den Atem. Kleine Löwin, dieser Name passt sehr gut, denn bereits bei ihrer Geburt musste Subaia kämpfen: Sie kam als Frühchen schon in der 25. Schwangerschaftswoche und mit nur 730 Gramm Geburtsgewicht zur Welt. Aufgrund der extremen Frühgeburt hatte das kleine Mädchen ein Herz-Lungen-Problem und musste eine Operation über sich ergehen lassen, außerdem wurde sie vier Monate lang künstlich beatmet. Die leibliche Mutter war damals 24 Jahre alt und hatte bereits acht Schwangerschaften hinter sich. Drei Babys hatte sie durch Fehlgeburten verloren, drei Schwangerschaften abgebrochen. Bevor Subaia das Licht der Welt erblickte, war sie Mutter eines Jungen und eines weiteren Mädchens geworden. Der damalige Ehemann der „Babymama", wie wir Subaias Mutter noch heute nennen, ist der Vater dieser ersten beiden Kinder. Subaias Mutter verließ ihn, weil er, wie sie der Polizei später berichtete, zu viel trank und sie dann schlug. Vor der Trennung von ihrem Mann hatte sie Subaias Vater, einen Marokkaner ohne Aufenthaltsgenehmigung, der mit Haschisch dealte, in einem Café kennengelernt. Wenig später wurde sie von ihm schwanger. Als Subaia aus ihrer Familie geholt wurde, war ihre Mutter erneut hochschwanger. Subaia hat ihre kleine Schwester nie kennengelernt. Auch ihren Bruder kannte sie damals nicht; sechs Wochen nach seiner Geburt hatte die Mutter ihn bei Nachbarn zurückgelassen und war mit Subaias Vater und der damals zweijährigen Schwester nach Marokko gereist. Nach zwei Wochen fühlten die Nachbarn sich der Situation nicht mehr gewachsen und verständigten den Vater des Jungen, der das Jugendamt einschaltete. Das Amt beorderte die Mutter nach Deutschland zurück und empfahl schließlich die Freigabe des Jungen zur Adoption.

Nach ihrer Geburt musste Subaia also insgesamt vier Monate im Krankenhaus bleiben, bis sie so weit stabilisiert war, dass ihre Mutter sie nach Hause holen konnte. Über die darauffolgenden Jahre konnte Frau Klein uns nur wenig Auskunft geben. Subaia lebte mit ihrer Mutter und ihrer älteren Schwester zusammen. Der Polizei berichtete die Mutter später, dass der Vater nur zeitweise in der Wohnung gewohnt habe. Später habe sie das Schloss austauschen lassen und der Vater habe Subaia nur gelegentlich abgeholt. Das einzige Bild, das heute von dieser Zeit zeugt, ist ein Foto von Subaias zweitem Geburtstag. Darauf ist ein verunsichert aussehendes kleines Mädchen im Rüschenkleid zu sehen, das im heimischen Wohnzimmer vor einer riesigen Sahnetorte und einer großen Flasche Cola sitzt.

„Wir kennen auch nur die Aussagen von Subaias Mutter beim Jugendamt und der Polizei sowie die Berichte des Gerichtsmediziners", erklärt Frau Klein. „Schon als Subaia kleiner war, gab es im Jugendamt Anrufe aus der Nachbarschaft der Familie. Einmal rief eine Nachbarin an, um zu berichten, sie habe beobachtet, wie Subaias Mutter das Kind eine Treppe hinunterschubste und dass die Kleine kurz darauf ein Gipsbein hatte. Auf späteren Röntgenbildern erkannten die Ärzte unter anderem einen verheilten Beinbruch." Frau Schuster stellt ihre Teetasse ab und ergänzt: „Außerdem meldete sich ihre Urgroßmutter. Sie sagte, es ginge Subaia schlecht und man müsse nach ihr schauen." Ich kann Simon ansehen, dass er genauso erschüttert ist wie ich. Simon fasst sich ein Herz und fragt: „Entschuldigen Sie bitte die Frage, wir können uns gut vorstellen, dass es für Jugendamtsmitarbeiter immens schwierig ist, so eine Situation einzuschätzen. Aber wieso sind Ihre Kollegen vom Jugendamt damals nicht eingeschritten?"

Frau Schuster streicht sich durch die Haare und seufzt: „Wissen Sie, das ist für ein Jugendamt nicht so einfach. Auch ein Großteil der Nachbarschaft lebt dort in keinen guten Verhältnissen. Wir müssen immer damit rechnen, dass Außenstehende die Eltern verleumden wollen. Außerdem hatte Subaias Schwester bereits damals einen Vormund, weil der Mutter das Sorgerecht entzogen worden war. Er besuchte die Familie hin und wieder."

In meinem Kopf dreht sich alles. Ich frage geschockt nach: „Warum wurde denn der Mutter das Sorgerecht für die große Tochter entzogen?"

Frau Klein lächelt leicht verlegen und antwortet: „Die Gründe hierfür darf ich Ihnen nicht nennen. In Ihrem Fall geht es um Subaia. Sie steht ebenfalls unter Vormundschaft, seitdem sie aus ihrer Familie herausgenommen wurde."

Simon drückt meine Hand. Äußerlich wirkt er ruhig, aber ich merke ihm seine Nervosität an. Schließlich fragt er: „Warum hatte Subaia nicht schon vorher einen Amtsvormund, wenn doch offenbar schon etwas in der Familie vorgefallen war?"

Frau Schuster kommt ihrer Kollegin zur Hilfe: „Solange es keine konkreten Hinweise einer Kindesvernachlässigung oder Misshandlung gibt, bekommt ein Kind keinen Vormund."

Ich frage: „Wer ist denn Subaias Vormund?"

Frau Schuster antwortet mit ruhiger Stimme: „Subaia hat seit ihrer Herausnahme aus der Familie denselben Vormund wie ihre Schwester. Falls Sie das Kind zu sich nehmen, werden Sie ihn bald kennenlernen."

Ich schaue zu Simon hinüber und er erwidert meinen erstaunten Blick. In seinen Augen kann ich lesen: Verstehst du das? Als der Vormund der Schwester die Familie besuchte, hätte ihm doch auffallen müssen, dass es Subaia schlecht ging.

Frau Klein erzählt bereits weiter: „An einem Tag im Juli vergangenen Jahres, Subaia war fast drei Jahre alt, saß eine Nachbarin, die ebenfalls vom Jugendamt betreut wurde, bei ihrer Sachbearbeiterin und sagte plötzlich: Schauen Sie lieber mal nach der Kleinen in meiner Nachbarschaft, der geht es gar nicht gut." Ich verknote meine Finger in Simons Hand und versuche mir die Situation vorzustellen.

„Kurz darauf standen zwei unserer Kolleginnen vor der Tür von Subaias Mutter", ergänzt Frau Schuster. „Sie selber war paradoxerweise just in diesem Moment von einer Gerichtsverhandlung zurückgekommen, wo sie das Sorgerecht für ihre große Tochter zurückgeklagt hatte. Die Mutter erzählte den Kolleginnen, sie habe ihre kleine Tochter nur ganz kurz alleine gelassen. Subaias Schwester hingegen sagte: Aber Mama, wir waren doch den ganzen Morgen nicht da! Dann behauptete die Mutter, Subaia sei während ihrer Abwesenheit bei einer Nachbarin gewesen. Allerdings nannte sie eben den Namen der Nachbarin, die noch am Morgen beim Jugendamt gesessen und von Subaias Zustand berichtet hatte. Somit war die Lüge offensichtlich. Die Mitarbeiterinnen vom Jugendamt forderten Subaias Mutter auf, ihnen das Kind zu zeigen. Sie weigerte sich zuerst, ließ die beiden Frauen dann aber doch in das verdunkelte Kinderzimmer. Obwohl sich die Mutter weiterhin dagegen wehrte, hob sie das Mädchen schließlich aus dem Kinderbett, brachte es ins Licht und zog es auf Verlangen unserer Kolleginnen aus. Subaias Verletzungen waren offensichtlich und erschreckend: Sie hatte riesige blaue Flecken am ganzen Körper, Kopfverletzungen, extreme Schwellungen im Gesicht und an einem Auge, eine monströs geschwollene und aufgeplatzte Lippe sowie Bissspuren. Außerdem waren ihre Finger gequetscht.

Die Kolleginnen haben sofort reagiert. Zwei Polizisten und eine Ärztin holten Subaia zu Hause ab. Die Polizisten schrieben in ihrem Bericht, dass die Kleine nicht bei ihrer Mutter bleiben wollte, sondern ihre Ärmchen ausstreckte und unbedingt zu der ihr völlig fremden, weiß gekleideten Ärztin auf den Arm wollte. Ein Rettungswagen brachte Subaia in ein Krankenhaus."

Mir steigen die Tränen in die Augen. Frau Schuster unterbricht und reicht mir ein Papiertaschentuch. Ich fasse mich aber schnell und Simon greift wieder nach meiner Hand. Das hat auch er dringend nötig.

Frau Klein nimmt den Faden wieder auf: „Aufgrund der Verletzungen war klar, dass Subaia nicht nur eingesperrt und allein gelassen, sondern schwerstens misshandelt worden war. Nach Angaben des Gerichtsmediziners, der Subaia am Tag der Herausnahme aus ihrer Familie untersuchte, wurde das Kind vermutlich über einen längeren Zeitraum sadistisch gequält. Als das Mädchen untersucht wurde, hatte es zahlreiche akute Verletzungen." Simon und ich sehen uns betroffen an. Es ist einfach unfassbar, was Subaia erleiden musste, denke ich traurig.

„Wer hat das Kind denn misshandelt?", fragt Simon.

„Das ist unklar", erwidert Frau Schuster. „Subaias Mutter sagt, es sei der Vater gewesen. Er konnte jedoch nicht befragt werden, da er sich illegal und außerdem als Drogenhändler in Deutschland aufhielt und sicherlich nicht erst seit Subaias Herausnahme auf der Flucht ist. Aber seitdem wird er von Interpol gesucht. Und das Mädchen ist zu klein, um Angaben zu machen."

Ich schlucke und sehe zu Simon. Ich wende mich Frau Klein zu: „Was bedeutet das für Subaia und eventuell auch für uns? Kennt er ihren jetzigen Aufenthaltsort?"

Frau Klein runzelt die Stirn. „Subaias Mutter sagt, sie habe keinen Kontakt mehr zu ihm. Aber sicher sind wir uns natürlich nicht. Aber keine Sorge, falls Sie das Kind aufnehmen, handelt es sich um eine Inkognito-Adoption. Wir werden Subaias Mutter weder Ihre Nachnamen noch die Adresse nennen. Und das Einwohnermeldeamt verhängt in solchen Fällen eine Auskunftssperre."

Aha, das ist gut, denke ich und lehne mich etwas entspannter auf meinem Stuhl zurück. Dann frage ich: „Wie hat Subaia das alles verkraftet?" Frau Schuster und Frau Klein tauschen einen Blick und lächeln plötzlich. Frau Schuster sagt: „Unserer Einschätzung nach besser, als es vorstellbar war. Aber jetzt gehen Sie erst einmal nach Hause und lassen sich die ganze Geschichte durch den Kopf gehen. Überlegen Sie bitte genau, ob Sie sich vorstellen können, das Mädchen zu sich zu nehmen. Wenn wir bis morgen früh nichts von Ihnen hören, beantworten wir Ihnen zur gleichen Zeit weitere Fragen und besprechen die weitere Vorgehensweise.“ Wir nicken. Dann schütteln wir beiden Sozialarbeiterinnen die Hände und gehen aus der Tür. Es reichen Blicke, wir brauchen keine Worte zu tauschen, um zu wissen, dass wir beide am kommenden Vormittag wiederkommen werden.

Im Laufe dieses Tages und Abends reden wir viel. Aber viel mehr über das, was unsere aufkeimenden Gefühle für unsere noch unbekannte Tochter ausmacht als über ihren bisherigen Lebensweg. „Subaia ist wirklich ein wunderschöner Name. Ob ihn ihr marokkanischer Vater für sie ausgesucht hat?“, frage ich mich laut, als wir bereits im Bett liegen. „Du hast doch auch ihre Locken auf dem Foto gesehen, Simon. Ihr Name, kleine Löwin, der passt doch wie angegossen zu ihrer Mähne. Bestimmt hat sie eine Menge Kraft, sonst wäre sie vielleicht gar nicht mehr da.“

Simon grinst und zieht spielerisch an einer Strähne meines bescheidenen Haarwuchses. „Nur dass Löwinnen gar keine Mähne wie Subaia haben. Das bleibt den Männchen vorbehalten.“

„Stimmt!“, lache ich und greife in Simons Lockenpracht. „Aber sie ist eben offenbar ein außergewöhnliches Löwenmädchen!“

Ein elternloses Kind

Am Vormittag des nächsten Tages sitzen wir wieder zu viert in der kleinen Sitzecke von Frau Schusters Büro und trinken Tee. Frau Schuster und Frau Klein sehen uns erwartungsvoll an. „Nun, da sind wir wieder und würden gerne mehr über Subaia erfahren", sage ich und füge an: „Dürfen wir vielleicht noch mal das Foto sehen?" Frau Schuster lacht, holt das Bild aus der Akte und legt es auf den Tisch. Sie sagt: „Ich übergebe an Sie, Frau Klein." Und dann erzählt Subaias Betreuerin weiter. Den ganzen Vormittag über unterstreicht das kleine, traurige Gesicht auf dem Foto die Geschichte von Subaias bisherigem Leben. „Das Kind blieb vier Wochen lang im Krankenhaus und kam anschließend in ein Kinderheim, wo sich bereits die ältere Schwester befand", erklärt Frau Klein. „Die Schwester ging nach einiger Zeit zurück nach Hause, nachdem feststand, dass eine Familienhelferin ihre Mutter, sie und die wenig später geborene kleine Schwester betreuen würde. Subaia blieb weiterhin im Heim, weil man es ihrer Mutter nicht mehr zutraute, sich um sie kümmern zu können." Kurze Zeit herrscht Schweigen.

Frau Klein räuspert sich und fährt fort: „Schon bei den ersten ärztlichen Untersuchungen nach ihrer Geburt war klar, dass Subaia als Frühchen stark entwicklungsverzögert war. Deshalb hatte unser Jugendamt, lange bevor die Misshandlungen bekannt wurden, dafür gesorgt, dass sie in einer sonderpädagogischen Tagesgruppe unterkam. Jeden Morgen wurde Subaia damals auf Kosten des Amts mit einem Taxi zu Hause abgeholt. Obwohl diese Frühförderung für ihre körperliche und geistige Entwicklung immens wichtig war, hat ihre Mutter die Therapie ohne Angabe von Gründen im März 2003 gekündigt. Auch dadurch wurde Subaias Entwicklung erheblich verzögert. Hinzu kommen ihre traumatischen Erfahrungen." Ich sehe hilfesuchend zu Simon. Er erwidert meinen Blick und fragt dann ganz pragmatisch: „Und wie wirkt sich das aus?" Frau Klein nippt an ihrer Teetasse und erwidert: „Das erste Gutachten des Gerichtsmediziners ist ja nicht sehr positiv ausgefallen. Als Subaia ins Krankenhaus eingeliefert wurde, sprach sie kaum ein Wort und niemand durfte das Mädchen anfassen, sicherlich auch, weil es große Schmerzen hatte. Nach dem Gutachten war Subaia als damals knapp Dreijährige auf dem geistigen Stand einer Eineinhalbjährigen. Der Gerichtsmediziner hat vermutet, dass das Mädchen auf Grund der massiven Schläge auf den Kopf einen Gehirnschaden davon getragen haben könnte und eventuell nicht entwicklungsfähig sei. Deshalb galt Subaia als voraussichtlich geistig behindertes Kind. Aus diesem Grund war damals auch keine Rede davon, dass sie als Adoptivkind vermittelt werden könnte." Simon und ich sehen uns an. Ich denke: Was versucht uns Frau Klein zu sagen? Ist Subaia jetzt behindert oder nicht? Frau Schuster fängt unsere Blicke auf. Dann wendet sie sich an Frau Klein und sagt schnell: „Das gilt ja inzwischen glücklicherweise als nicht erwiesen."

Ich atme auf. „Das stimmt", antwortet Frau Klein und fährt fort: „Schon nach wenigen Tagen im Krankenhaus war Subaia gegenüber den Schwestern und Ärzten sehr zutraulich und wurde zusehends fröhlicher. Sie fing auch bald zu reden an, zwar schwer verständlich, dafür aber ohne Punkt und Komma."

Frau Schuster lacht: „Das ist jetzt noch der Fall." Ich sehe wie Simon grinst und werfe ihm einen amüsierten Blick zu. Frau Klein lächelt ebenfalls und nickt. „Auf jeden Fall war sie als elternloses Kind, die Mutter hatte kein Besuchsrecht, der Liebling der Station. Wenn ich kam, saß sie fast immer auf dem Schoß einer Schwester oder eines Arztes. Es gab sogar eine Krankenschwester, die Subaia gerne zu sich genommen hätte, aber das war ja nicht möglich, weil wir noch nicht wussten, wie sich etwaige Gehirnverletzungen auswirken könnten."

Das ist doch inzwischen schon länger her, denke ich und frage etwas ungeduldig: „Wie geht es Subaia denn heute?" Simon zupft mich am Ärmel, um meine Ungeduld zu bremsen. Frau Klein sieht uns intensiv an. Dann schmunzelt sie und erwidert: „Im Kinderheim hat sich Subaias positive Entwicklung fortgesetzt. Von einer geistigen Behinderung ist heute keine Rede mehr. Das Mädchen wirkt sogar ganz clever. Die Heimerzieherinnen haben mir bei einem meiner Besuche berichtet, dass Subaia eine besondere Antenne für bestimmte Situationen hat. Sie hört zwar nicht gut auf die Betreuer, ist aber ganz Ohr für alles, was um sie herum vor sich geht. Eine Erzieherin hat mir erzählt: Wenn uns Eltern unserer Zöglinge anrufen und Kolleginnen später fragen, wer denn am Apparat gewesen sei, dann sagt Subaia zum Beispiel wie aus der Pistole geschossen, das war die Mutter von Chiara! Offenbar hat sie auch ein besonderes Gespür für die Gefühlszustände anderer Personen. Sie streichelt manchmal Kinder, die sich wehgetan haben und weinen. Leider erkennt sie aber auch sofort die Schwächen ihres Umfelds und legt dann den Finger in die Wunde, um Kinder und Erwachsene auszutesten. Insgesamt würde ich sie als starkes, aber sehr distanzloses und mitunter verschlagenes Kind beschreiben, das alles mitkriegt, aber niemanden so recht an sich heranlässt."

Ich zucke zusammen. „Verschlagenes Kind", was für eine Bezeichnung für ein kleines Mädchen. Subaia ist geschlagen worden, dass sie kein Vertrauen hat, ist doch normal. Ich sehe in Simons Richtung. Er zuckt mit den Schultern und lächelt mir dann aufmunternd zu.

Frau Klein setzt fort: „Außerdem ist Subaia körperlich stark eingeschränkt. Bei Spaziergängen und Spielplatzbesuchen bewegt sie sich nur sehr zögerlich und vorsichtig und ist nicht in der Lage, über unebenen Boden, Sand oder Steine geschweige denn eine Hängebrücke zu gehen. Insgesamt hat sich Subaia aber im Kinderheim gut eingelebt", schließt Frau Klein ihren Bericht.

„Bekommt sie denn Besuch – außer von Ihnen?", fragt Simon.

Frau Klein sieht zu Frau Schuster hinüber. „Manchmal kommen auch andere Kolleginnen vom Jugendamt und natürlich Subaias Vormund, Herr Richter", antwortet sie dann.

Frau Schuster ergänzt: „Und Subaias große Schwester Ina kommt ab und zu in Begleitung der Familienhelferin."

Simon und ich sehen uns erstaunt an. „Bekommt Subaia denn keinen Besuch von ihrer Mutter?", frage ich.

Frau Schuster und Frau Klein tauschen wieder einen Blick. „Sie hat kein Besuchsrecht", erwidert Frau Klein. „Wir haben ihr eine Therapie vorgeschlagen. Als sie dies verweigerte, empfahlen wir den Anschluss an eine Gruppe für Mütter in ihrer Situation. Auch damit kamen wir nicht weiter. Deshalb glauben wir, dass ein Kontakt für die Kleine kontraproduktiv wäre und haben Subaias Mutter von Besuchen abgeraten. Das Mädchen fragt auch nie nach ihr und muss vor allem zur Ruhe kommen. Für uns steht das Kindeswohl an erster Stelle." Das ist auch gut so, denke ich und frage: „Und wie verhält sich Subaia, wenn ihre Schwester kommt?"

Frau Schuster antwortet: „Die beiden Mädchen freuen sich immer sehr, sich zu sehen."

In meinem Magen zieht sich alles zusammen. Wie muss sich Subaia ohne ihre Schwester, ohne eine vertraute Person im Heim fühlen? Kinderheime kenne ich nur aus Büchern und Filmen. Ich zweifele nicht daran, dass Subaias Heim anders aussieht als in den Geschichten meiner Kindheit und dass sie dort gut aufgehoben ist. Aber eine Familie fehlt Subaia sicherlich.

Schließlich fasse ich mir ein Herz und frage die beiden Sozialarbeiterinnen: „Wann dürfen wir Subaia sehen?"

Frau Klein räuspert sich und sagt: „Denken Sie trotzdem noch einmal gründlich nach. Wir lassen nur Bewerber zu den Kindern, die sich sehr sicher sind, dass sie Interesse an einer Inobhutnahme haben. Etwas anderes können wir unseren Kindern nicht zumuten."

„Und bei Subaia", schaltet Frau Schuster sich ein, „sind wir besonders vorsichtig. In den psychologischen Gutachten über sie steht, dass wegen ihrer extremen Traumatisierung nur fachlich geschulte Bewerber wie Psychologen, Ärzte oder Pädagogen als Adoptiveltern in Frage kommen. Tatsächlich hatten wir solche Interessenten, sie sind dann aber wieder abgesprungen.“ Ich denke heimlich: Pech für sie und Glück für uns! Mir ist ganz warm ums Herz. Simon beobachtet mich liebevoll.

„Wie würde es weitergehen, wenn wir Subaia kennenlernen dürften?“, fragt er dann.

„Die nächste Stufe für Adoptionsbewerber ist die sogenannte Anbahnungszeit“, erklärt Frau Schuster. „Die Bewerber besuchen die Kinder im Heim und können auch erst mal nur hoffen, dass sie von den Kindern angenommen werden. Das ist bei der Adoption eines Säuglings anders. Die neugeborenen Kinder haben keine Erinnerungen und – hoffentlich – keine schlechten Erfahrungen. Bei späteren Adoptionen entscheiden die Kinder. Sie bestimmen mit ihrem Verhalten und ihren Äußerungen auch den Zeitpunkt des Umzugs in ihr neues Zuhause. Und wie bei allen Bewerbern gilt ja: Mindestens ein Jahr lang haben Sie das Kind in Adoptionspflege.“

Dann trinkt Frau Schuster einen großen Schluck Tee und steht auf. „Melden Sie sich morgen bei mir. Wenn Sie Subaia weiterhin kennenlernen wollen, rufe ich im Kinderheim an.“ Frau Klein nickt. Wir erheben uns ebenfalls, geben den beiden Frauen die Hand und schließen die Bürotür hinter uns.

Erst gehen wir schweigend den Flur hinunter. Dann bleibe ich stehen und frage Simon: „Adoptionspflege, was bedeutet das noch gleich?“

Der belesene Simon sagt grinsend: „Dass wir elterliche Pflichten gegenüber Subaia hätten, aber keine Rechte. Das Sorgerecht obliegt weiterhin den leiblichen Eltern oder – wie in Subaias Fall – ihrem Vormund.“

Ich überlege. „Dann wären wir aber doch normale Pflegeeltern“, sage ich.

Simon schüttelt den Kopf. „Die Adoptionspflege ist sozusagen die Vorstufe zur Adoption. Im Gegensatz zu Pflegeeltern bekommen Adoptivpflegeeltern kein Pflegegeld und bezahlen alle Kosten, auch die für notwendige Therapien des Kindes, aus eigener Tasche – eben wie Adoptiveltern. Pflegeeltern bekommen außerdem Supervision, das bedeutet, sie werden therapeutisch begleitet. Schatz, hast du bei unseren Internetrecherchen nicht aufgepasst?"

Ich knuffe ihn in die Seite. „Das ist aber auch ein Paragrafendschungel", verteidige ich mich.

„Anders Kinder kriegen macht vielleicht mehr Spaß. Aber dafür wissen wir jetzt schon, dass wir eine ganz besondere Tochter bekommen", erwidert Simon fröhlich. Das stimmt, denke ich glücklich. Wir gehen Arm in Arm weiter. „Müssen wir eigentlich lange nachdenken?" frage ich dann.

Simon lächelt und antwortet: „Nein, wieso?"

Besuch im Heim

Ich erreiche Frau Schuster am nächsten Tag glücklicherweise sofort. „Guten Morgen", ruft sie ins Telefon. „Ich habe bereits gestern nach unserem Gespräch kurz mit der Heimleiterin, Frau Wegener, gesprochen." Mein Herz klopft wie verrückt. Am liebsten wäre ich durchs Telefon gesprungen und hätte Frau Schuster umarmt. „Das ist ja prima", rufe ich zurück, „vielen Dank, Frau Schuster! Wann kann es losgehen?" Ich höre sie am anderen Ende der Leitung lachen. Sie sagt: „Übermorgen möchte Frau Wegener Sie und Ihren Mann kennenlernen. Im Anschluss können Sie Subaias persönliche Betreuerin treffen und sich im Heim umschauen. Ich werde ebenfalls dabei sein. Aber jetzt muss ich Ihre Vorfreude leider doch ein bisschen trüben. Es geht erst einmal darum, die Heimleiterin und Betreuerin zu treffen. Mit Subaia müssen Sie sich noch gedulden." Schade, denke ich, aber das ist ja auch verständlich. Die Verantwortlichen im Heim wollen schließlich auch wissen, mit wem sie es zu tun haben. Ich freue mich trotzdem riesig.

Nachdem Frau Schuster und ich aufgelegt haben, rufe ich Simon an. Er flüstert glücklich am Telefon: „Dann muss ich wohl mal so langsam meinen Chef darüber informieren, dass ich in der folgenden Zeit noch häufiger freie Tage brauchen werde."

Zwei Tage später stehen wir zu dritt vor der Tür des Kinderheims. Seit Frau Schusters erstem Anruf wegen Subaia ist eine Woche vergangen. „Man sieht von außen gar nicht, dass sich hier ein Heim befindet", sage ich zu Simon und Frau Schuster.

„Vermutlich soll das ja auch so sein", antwortet Simon.

Frau Schuster sagt: „Wissen Sie, die Kinder sollen auch etwas von der Nachbarschaft abgeschirmt werden. Zu viele neugierige Blicke würden sie verunsichern. Außerdem kommen manchmal unangekündigt leibliche Eltern her."

Ich stelle mir vor, wie verzweifelte Mütter oder Väter vor dem Haus lauern, um einen Blick auf ihre Kinder zu erhaschen. Das Gebäude sieht von außen wirklich nicht besonders beeindruckend aus, doch als uns nach dem Klingeln die Tür aufgedrückt wird, finden wir uns in einem freundlichen hellen Flur wieder. Die Heimleiterin, Frau Wegener, empfängt uns strahlend und führt uns in ihr kleines Büro. Sie ist etwas älter als ich und macht einen resoluten, aber freundlichen Eindruck.

Aus dem Hof des Heims tönt Kinderlachen. „Die Kinder sind alle draußen. Das gibt uns die Zeit, uns in Ruhe zu unterhalten. Subaias persönliche Betreuerin, Frau Heinz, wird Ihnen später die Räume unserer kleinen Bewohner zeigen", erklärt Frau Wegener.

„Was genau bedeutet eigentlich ‚persönliche Betreuerin'?", frage ich.

„Jedes unserer Kinder bekommt eine Betreuerin oder einen Betreuer zugeordnet", erklärt Frau Wegener. „Natürlich wechselt sich unser Personal ab, schließlich sind die Kinder Tag und Nacht in unserer Obhut. Die Kinder leben in zwei Wohneinheiten, kleine und größere getrennt. Die Diensthabenden schlafen nachts in der jeweiligen Wohnung. Aber unsere Zöglinge brauchen einen persönlichen Ansprechpartner. Das gibt ihnen mehr Sicherheit. Wissen Sie, wir sind ein Übergangsheim. Die meisten Kinder kommen in einer Nacht-und-Nebel-Aktion zu uns, zum Beispiel weil der Vater betrunken seine Familie bedroht und jemand die Polizei ruft. Einige gehen wieder zurück in ihre Familien, andere kommen in Pflege und noch weniger in Adoptionsfamilien. Subaia lebt seit acht Monaten hier und ist immer noch unser jüngstes Kind. Sie hat schon viele ihrer Spielkameraden kommen und gehen sehen."

Arme Subaia, denke ich betrübt. Vielleicht ist das ja auch ein Grund, warum sie sich nicht auf ihr Umfeld einlässt.

„So, jetzt zeige ich Ihnen unsere untere Etage und dann rufe ich Frau Heinz, damit sie Ihnen die Wohnung der Kleinen zeigt und

Ihnen Weiteres über Subaia berichtet", ruft Frau Wegener munter und steht auf.

Wir sind sehr angetan von der Wärme der Räumlichkeiten und gespannt auf Subaias Betreuerin und das, was sie uns erzählen wird. Dann kommt sie. Frau Heinz ist etwa Ende Fünfzig, kurzhaarig, hat viele Lachfältchen um die Augen und macht einen ungemein sympathischen Eindruck. „Dann mal los", sagt sie fröhlich nachdem wir uns begrüßt haben und führt uns in die Wohnung im ersten Stock. Auch hier ist die Atmosphäre freundlich. Bereits im Flur gibt es ein paar Spielzeugkisten und gemütliche kleine Sitzecken. Den Kindern stehen vier Schlafzimmer zur Verfügung. „Und hier schläft Subaia", erklärt Frau Heinz in einem der Dreibettzimmer und deutet auf ein Kinderbett. Gerührt betrachten Simon und ich die wenigen Habseligkeiten auf einem Regal neben Subaias Bett. Dort liegen ein angegrautes Stofftier, ein zerfleddertes Bilderbuch und ein Holzpuzzle, das auch nicht im besten Zustand ist. „Hat Subaia das von zu Hause mitgebracht?", frage ich. Frau Heinz nickt.

Im Badezimmer der Wohnung stupse ich Simon an: „Schau mal, die beiden winzigen Toiletten. Die gehen dir ja nicht mal bis zum Knie." Frau Schuster und Frau Heinz lächeln. Dann besichtigen wir das Spielzimmer und die geräumige Wohnküche. „Hier essen wir gemeinsam", erklärt Frau Heinz. „Subaia isst übrigens wie ein Scheunendrescher und hält bisher wenig von guten Manieren." Wir alle vier lachen. „Wir vermuten, dass sie früher wenig oder nur unregelmäßig zu essen bekommen hat", sagt Frau Heinz plötzlich mit ernster Stimme. Simon und ich tauschen einen betroffenen Blick. Und dann fängt Frau Heinz an zu erzählen. Das meiste, was sie uns von Subaia berichtet, wissen wir bereits von Frau Klein und Frau Schuster. „Wir alle hier mögen Subaia sehr", sagt Frau Heinz, „auch wenn sie wirklich sehr distanzlos ist und wir unsere liebe Mühe damit haben." Sie fischt ein liegen gebliebenes Lätzchen von einem Kinderhochstuhl.

„Wie meinen Sie das?", frage ich vorsichtig.

„Ich gebe Ihnen ein Beispiel", antwortet sie. „In jeder Wohneinheit haben wir Betreuerinnen ein kleines Büro. Wenn Gäste kommen, beispielsweise vom Jugendamt oder Eltern, steckt Subaia immer ihre neugierige Nase durch die Tür. All unseren Ermahnungen zum Trotz reagiert sie nicht, wenn wir ihr erklären, dass es sich um Erwachsenengespräche handelt und wir müssen sie regelrecht aus der Tür schieben. Überhaupt reagiert sie sehr wenig auf Anordnungen Erwachsener", sagt Frau Heinz gutmütig seufzend. „Manchmal hat sie allerdings auch Absencen, das bedeutet, dass sie völlig weggetreten ist, nicht mehr ansprechbar, wir müssen sie dann regelrecht aufwecken. Das kommt bei traumatisierten Kindern vor."

Wir lauschen ihren Erklärungen und versuchen, uns in Subaias kleine Welt hineinzuversetzen. Als wir die Treppe vom ersten Stockwerk wieder hinuntersteigen, macht Frau Heinz an einem Fenster Halt und deutet auf den Hof. „Dort ist Subaia! Sie streitet sich gerade mit einem anderen Mädchen um einen Keks, beziehungsweise das andere Kind will den Keks und unser kleiner Sturkopf lässt ihn nicht los." Mein Herz schlägt bis zum Hals, Simon drückt sich an mich. Wir schauen gemeinsam auf die spielenden Kinder. Und dann sehen wir sie zum ersten Mal: Subaia, die kleine Löwin. Mit ihrer ganzen Kraft klammert sie sich an den Keks und beäugt das andere Mädchen mit einem argwöhnischen Gesichtsausdruck. Der Keks zerkrümelt zwischen den Fingern der kleinen Kinderhände. Beide Mädchen sehen plötzlich betroffen drein.

Mein Gott, denke ich gerührt, sie sieht so winzig und doch so stark aus. Ich kann mich kaum von ihrem Anblick losreißen, doch Frau Heinz sagt freundlich, aber bestimmt: „Jetzt gehen wir wieder zu Frau Wegener und besprechen das weitere Prozedere." Simon zieht mich sanft am Ärmel mit sich und wir steigen die Treppe hinunter.

Im Büro angekommen, schlägt uns Frau Wegener nach einem Blickwechsel mit Frau Heinz und Frau Schuster vor: „Wenn Sie wollen, machen wir einen Rundgang über den Hof. Wir werden den Kindern erzählen, dass Sie sich das Heim anschauen." Simon und ich sehen uns kurz an und nicken dann aufgeregt. Das ist ja toll, denke ich. Dabei hatte Frau Schuster doch gesagt, wir könnten Subaia beim ersten Besuch im Heim nicht sehen. Jetzt würden wir sie schon zum zweiten Mal zu Gesicht bekommen.

Frau Heinz hat uns beobachtet und sagt eindringlich: „Vergessen Sie bitte nicht: Sie sind sozusagen inkognito hier. Wir werden Sie Subaia nicht vorstellen. Vermutlich werden die Kinder Ihre Absichten trotzdem spüren. Sie haben ein besonderes Feingefühl für solche Situationen." Das Heim ist mit etwa dreißig Kindern besetzt. Wir wundern uns. Wenn wir jetzt durch den Hof mit den vielen Spielgeräten gehen, kann doch keiner der Zöglinge erkennen, dass wir an einem bestimmten Kind Interesse haben, denke ich.

Wir verlassen Frau Wegeners Büro und stehen noch eine Weile plaudernd vor der Tür. Plötzlich reißen zwei größere Mädchen die Tür zum Hof auf und rufen: „Seid ihr die neuen Eltern von Subaia?" Simon und ich erstarren. Frau Heinz und Frau Wegener sehen sich vielsagend an. Dann fällt die Tür zu, öffnet sich kurz darauf erneut und ein kleines, lockiges Wesen kommt den Gang herunter, stellt sich vor Simon und mich hin und schaut uns mit schräg gestelltem Kopf und aus stark schielenden Augen an.

Ich traue meinen Augen nicht. Simon steht ganz steif neben mir. Frau Heinz sagt ruhig: „Hallo Subaia. Wir haben Besuch. Frau Schuster kennst du ja schon." Abrupt dreht sich Subaia um und marschiert wackelnd auf ihren kurzen Beinen wieder auf den Hof hinaus. Und Frau Wegener sagt lakonisch: „Na, dann mal hinterher."

Bei unserem Rundgang auf dem Hof hängt sich in null Komma nichts eine große Schar Kinder an uns und verfolgt jeden unserer Schritte. Nur ein Kind scheint keine Notiz von uns zu nehmen und sitzt stumm in der Sandkiste. Doch hin und wieder schaut es aus großen Augen zu uns hinüber.

„Tschüss Subaia“, sage ich beim Hinausgehen und das Herz wird mir schwer. Aber wir sehen dich wieder, unsere noch fremde Tochter!

Erste Annäherungsversuche

Als dieses kleine Mädchen vor uns stand und uns ansah, fühlten wir uns wie Auserwählte. Ein Kind. Unser Kind. Aber der Weg dahin wird noch weit sein.

Ich will keine Zeit verlieren und telefoniere am nächsten Morgen mit Frau Heinz. „Am besten wäre, wenn Sie und Ihr Mann jetzt erst einmal einen Brief an Subaia schreiben, sich richtig vorstellen und einige Fotos mitschicken", sagt sie. Am Wochenende sitzen Simon und ich zusammen und suchen Fotos aus. Wir sind viel gereist und haben einige schöne Bilder, die uns zusammen zeigen. „Komm, wir nehmen auch das Foto, dass ich von dir in Pisa gemacht habe", sage ich, „es sieht so lustig aus, wie du versuchst, den schiefen Turm festzuhalten. Das gefällt Subaia bestimmt." Und dann schreiben wir unseren Brief:

Liebe Subaia,

wir heißen Lina und Simon und du wunderst dich vielleicht, dass wir dir schreiben, weil du uns nicht kennst. Aber wir haben dich schon mal kurz im Hof vom Kinderheim gesehen und außerdem haben uns Frau Heinz und Frau Wegener ganz viel von dir erzählt. Da haben wir uns überlegt, dass wir dich gerne mal richtig im Kinderheim besuchen und mir dir spielen möchten. Dann siehst du uns auch mal länger und weißt, wer dir diesen Brief hier schickt. Simon hat übrigens auch so braune Locken wie du, das sieht lustig aus. Wir hoffen, dass wir dich bald besuchen können und freuen uns schon ganz doll auf dich!

„Mal sehen, was sie dazu sagt", meint Simon. Als ich einige Tage später im Heim anrufe, schildert mir Frau Heinz, wie sie Subaia unseren Brief vorgelesen und die Fotos gezeigt hat. „Sie hat die ganze Zeit auf meinem Schoß gesessen, aufmerksam zugehört und die Bilder betrachtet. Mehrmals am Tag nimmt Subaia die Fotos und schaut sie sich an. Sie ist sehr stolz auf ihre erste eigene Post und darauf, nun auch Besuch zu bekommen wie andere Kinder im Heim. Damit sollten Sie nur nicht allzu lange warten."

Natürlich nicht, denke ich.

Ich melde mich telefonisch bei Frau Schuster und berichte. „Ich spreche mit der Heimleiterin und melde mich zurück", verspricht Frau Schuster. Noch am selben Tag ruft sie wieder an. „Wir halten den Ostersonntag für einen geeigneten Zeitpunkt. Da feiern die Kinder und Erzieher und einige der Familien ein Fest auf dem Hof und Sie werden als Besucher bei den anderen Zöglingen weniger auffallen und können sich besser auf Subaia konzentrieren." Toll, denke ich glücklich, das ist ja schon bald. Fast hätte ich verpasst, ihr weiter zuzuhören. „Wenn das erste Treffen gut läuft, werden wir in den Tagen darauf mit der Anbahnung beginnen", sagt sie. Auch prima, denke ich und lache in mich hinein. „Ich versuche, Subaias Mutter und ihre Familienhelferin zu erreichen, um ein späteres Treffen hier bei uns im Jugendamt mit Ihnen beiden zu vereinbaren. Und mit Subaias Vormund sollten wir uns auch zusammensetzen."

Ich stutze: Wie bitte, was hat sie gesagt? Wir treffen Subaias Mutter? Ich lasse Frau Schusters Satz erst einmal stehen und verabschiede mich freundlich.

Nachdem ich aufgelegt habe, zittere ich schon wieder vor Aufregung und versuche, mich zu beruhigen. Es ist doch selbstverständlich, dass wir Subaias Mutter treffen, sage ich mir. Schließlich wollen wir ihr Kind zu uns nehmen. Dennoch ist mir mulmig zumute. Was passiert, wenn sie uns nicht akzeptiert? Vom Jugendamt wissen wir, dass sie nach Subaias Herausnahme aus der Familie eingewilligt hat, ihre Tochter zur Adoption freizugeben. Daraufhin sind wir ja auch angesprochen worden. Aber trotzdem …

Ich rufe Simon im Büro an. „Mach dich locker, Schatz", sagt er am Telefon. „Sie möchte Subaia zur Adoption freigeben und weiß sicherlich, dass es das Beste für ihre Tochter ist. Das Jugendamt ist ebenfalls dazu entschlossen. Ein Treffen ist für Subaias Mutter bestimmt noch viel aufregender und anstrengender als für uns." Ich seufze, gebe ihm recht und lege auf.

Ein paar Tage später sitzen wir mit Frau Schuster wieder in Frau Wegeners Büro, um unseren ersten offiziellen Besuch zu besprechen. Frau Heinz hat sich ebenfalls eingefunden. „Wenn Sie während der Anbahnungszeit regelmäßiger kommen, sollten Sie auch Briefe und Fotos der Großeltern mitbringen. Dann hat Subaia auch gleich eine Vorstellung von ihnen", sagt sie. Da läutet das Telefon; Frau Wegener entschuldigt sich und nimmt ab. Sie lauscht und legt auf. „Das war ein Anruf aus der Wohngruppe der Kleinen", erklärt sie und wendet sich an Frau Heinz: „Subaia hat aus irgendeinem mir unerfindlichen Grund mitbekommen, dass wir Gäste haben. Sie sitzt oben und weint bitterlich, weil sie dachte, der Besuch gilt ihr."

Frau Heinz springt auf. „Ich schaue nach der Kleinen", sagt sie, schüttelt uns die Hand und verlässt das Büro. Mir krampft sich der Magen zusammen und ich schicke einen Hilfe suchenden Blick zu Frau Schuster und Frau Wegener.

„Sie können jetzt nicht zu Subaia gehen, das würde sie nur verwirren – und die anderen Kinder auch. Sie kennt Sie ja nicht. Und es ist keine offizielle Besuchszeit", sagt Frau Wegener leise.

Frau Schuster sieht mich an: „Lassen Sie sich und Subaia Zeit." Ich nicke. Während wir das Gespräch fortsetzen, denke ich an ein kleines Mädchen im Stockwerk über uns, das ich nur allzu gerne tröstend in die Arme nehmen würde.

Jetzt ist für uns der Zeitpunkt gekommen, unsere Familienmitglieder, die alle in anderen Städten leben, über die aufregenden Ereignisse zu informieren. Mein älterer Bruder ist vor wenigen Jahren gestorben. Er hatte weder Frau noch Kinder. Mein jüngerer Bruder hört sich am Telefon meine Erklärungen an und sagt dann: „Dann werden wir ja auf einen Schlag Onkel, Tante und Cousin. Frau und Sohn haben mitgehört und sehen mich ganz erwartungsvoll an. Wir sind mächtig gespannt auf den Familienzuwachs!"

Auch Simons Geschwister reagieren am Telefon erfreut, seine Eltern jedoch etwas verhalten auf die Neuigkeit. Sie stellen Simon Fragen, versuchen ihm aber auch nichts auszureden. Außerdem versprechen sie sofort, für Subaia einen Brief zu schreiben und ein Foto beizulegen. „Wir müssen meinem Vater und meiner Mutter Zeit lassen", sagt Simon. „Sie sind beide über siebzig und haben erwachsene Enkel. Die Aussicht, so plötzlich noch einmal Großeltern eines Kleinkinds zu werden, macht ihnen sicherlich ein bisschen Angst."

Ich scheue mich etwas vor dem Anruf bei meiner Mutter. Erwartungsgemäß reagiert sie panisch. „Habt ihr euch das wirklich gut überlegt? Das schafft ihr doch gar nicht mit so einem fremden Kind. Meine Freundin kennt eine Frau vom Jugendamt eurer Stadt. Vielleicht sollte sie mal mit eurer Betreuerin reden."

Ich versuche, ruhig zu bleiben. „Wir haben uns das sehr gut überlegt und unsere Betreuerin hat uns Monate lang überprüft und kann uns gut einschätzen. Wenn du deine Freundin auf unser Jugendamt ansetzt, rede ich nie wieder ein Wort mit dir."

Ein paar Tage später erhalte ich einen freundlichen Willkommensbrief meiner Mutter für Subaia. Das beiliegende Foto zeigt eine lächelnde Großmutter. „Das Bild hat sie aber gut ausgesucht", meint Simon.

Ich seufze und sage: „Meine Mutter plant doch schon seit Langem, uns ausgerechnet an Ostern zu besuchen. Ob das der richtige Zeitpunkt ist?"

Simon lacht und nimmt mich in die Arme. „Das schaffen wir schon", sagt er.

Am Osterwochenende des Jahres 2004, diesem für uns so wichtigen Wochenende, ist meine Mutter bei Simon und mir zu Gast. Sie ist hin- und hergerissen zwischen Neugier und Abwehr in Bezug auf unser sich anbahnendes Familienleben. „Habt ihr euch das wirklich gut überlegt?“, bekommen wir ein ums andere Mal zu hören. „Seid ihr sicher, dass ihr das mit so einem fremden Kind auch schafft?“ Und: „Nehmt ihr mich am Sonntag ins Kinderheim mit?“ Wir kommen kaum zum Verschnaufen, geschweige denn dazu, uns innerlich auf den Besuch im Heim vorzubereiten. Am Samstagabend platzt Simon der Kragen. Er nimmt meine Mutter beiseite und erklärt: „Lina hat es dir ja schon ein paar Mal gesagt: Wir wollen Subaia zu uns nehmen. Sie wird unsere Tochter sein. Morgen Nachmittag besuchen wir sie zum ersten Mal offiziell im Kinderheim. Das ist für uns und vor allem für das kleine Mädchen eine große Herausforderung. Drei fremde Personen wären zu viel für sie. Jetzt lernen erst mal wir Subaia kennen. Später wirst auch du sie sehen.“

Ich bin von Simons Ansprache beeindruckt – und meine Mutter offenbar auch. Jedenfalls setzt sie sich still in eine Ecke und blättert mit verkniffenem Gesichtsausdruck in einer Zeitschrift. „Sie schmollt“, sage ich leise zu Simon.

Er sieht zu ihr hinüber: „Das kann Subaia bestimmt auch hervorragend. Dann können wir jetzt ja schon mal üben.“

Am nächsten Morgen benehmen Simon und ich uns beim Frühstück wie verliebte Teenager. Wir glucksen und kichern und sind ganz hibbelig vor Vorfreude und Aufregung. Meine Mutter beobachtet die Szenerie etwas missmutig. Sie fragt aber nicht mehr, ob sie uns begleiten darf. Ich erkläre ihr die Fernbedienung unseres Fernsehers und stelle ihr etwas zum Knabbern hin, weil ich weiß, dass beides zu ihren Lieblingsbeschäftigungen gehört.

„Wir sehen uns in ein paar Stunden und stoßen dann mit einem Glas Sekt auf Subaia an“, sage ich zu meiner Mutter. Sie winkt. Dann ziehen wir die Tür hinter uns zu.

Als wir das Kinderheim durch die Hofeinfahrt betreten, kommt uns Subaia an der Hand von Frau Heinz am Tor entgegen und hat einen völlig schokoladenverschmierten Mund. Frau Heinz gibt uns die Hand. Wir begrüßen sie und ich gehe in die Knie: „Hallo Subaia. Hat das Osterei geschmeckt? Schau, wir haben dir auch eins mitgebracht, weil ja heute Ostersonntag ist." Ich halte ihr die Süßigkeit hin. Subaia nimmt mir das Ei aus der Hand, wickelt es aus, lässt die Verpackung fallen und verdrückt das Schoko-Ei in Sekundenschnelle. Frau Heinz seufzt und hebt das Stanniolpapier auf. „Mit der Schokolade reicht es aber jetzt erst einmal, meine Süße", sagt sie an Subaia gewandt. Dann dreht sie sich zu uns um: „Nichts gegen Sie, ich hatte Ihnen ja am Telefon gesagt, dass kleine Ostermitbringsel erlaubt sind. Aber Subaia würde sich die Süßigkeiten mit beiden Händen in den Mund stopfen, wenn wir sie ließen. Frag doch mal Lina und Simon, ob sie sonst noch etwas dabei haben, mein Schatz."

Subaia sagt gar nichts, lächelt uns aber, vermutlich in freudiger Erwartung weiterer Geschenke, schräg an. Bei ihren schielenden Augen auch kein Wunder, denke ich gerührt. Ich sehe mich nach Simon um. Er geht ebenfalls auf Subaias Augenhöhe und sagt: „Sieh mal." Dann überreicht er ihr einen kleinen plüschigen Osterhasen. Subaia drückt das Plüschtier fest an sich, dreht sich auf dem Absatz um und geht ihrer eigenen Wege. Frau Heinz und wir schauen ihr hinterher.

Unser Ostergeschenk, der kleine Plüschhase, liegt bis heute in Subaias Bett und begleitet sie in ihre Träume.

Frau Heinz wendet sich wieder uns zu: „Wir finden sie bestimmt im Sandkasten wieder." Wir machen uns auf die Suche. Tatsächlich sitzt Subaia im Sandkasten und schippt offenbar gedankenverloren vor sich hin. Simon und ich hocken uns ihr gegenüber in den Sand und fragen: „Sollen wir einen Kuchen mit dir backen?" Subaia beobachtet uns. Ein winziges Lächeln umspielt ihre Mundwinkel. „Weißt du was", sagt Frau Heinz zu der Kleinen, „du hast ja jetzt Lina und Simon zu Besuch. Ich schaue mal nach den anderen Kindern." Und, oh Wunder, Subaia nickt. Frau Heinz lächelt uns zu und geht davon.

„Na, dann mal los“, sagt Simon fröhlich, greift nach einem Sandförmchen und fragt in Subaias Richtung: „Willst du den Sand reinmachen?“ Keine Reaktion. Subaia schippt weiter und beobachtet uns aus den Augenwinkeln.

„Weißt du was, ich helfe dir, Simon“, sage ich und greife beherzt nach einer Sandschaufel. „Was machen wir denn für einen Kuchen?“ Ich schaue zu Subaia. „Ich esse am liebsten Schokoladenkuchen, und du?“ Sie grinst. „Ach, stimmt ja, Schokolade findest du prima. Das Ei war lecker, oder?“ Ich ernte ein kleines Nicken. „Dann mache ich jetzt mal mit Simon einen Schokokuchen, vielleicht möchtest du ja später probieren.“

Plötzlich wirft Subaia ihre Schippe weg, krabbelt auf allen Vieren zu mir, lässt sich auf meinen Schoß plumpsen und schnappt sich meine Sandschaufel.

Ich sehe in Simons gerührtes Gesicht. Mir ist ganz warm vor Glück. Am liebsten würde ich das kleine Wunderwesen auf meinem Schoß umschlingen und mein Gesicht in seinem Lockenkopf vergraben. Das lasse ich tunlichst, für Subaia bin ich eine Fremde. Ich möchte sie nicht erschrecken, nicht übergriffig sein.

Simon strahlt uns an: „Komm, Subaia, es geht los. Das wird der leckerste Schokokuchen der Welt.“ Die beiden backen einen Sandkuchen nach dem anderen, während ich Subaias Körperwärme genieße und ihren Kinderduft einatme. Subaia plappert vor sich hin. Wir verstehen nicht viel, aber offenbar kommuniziert sie auch nicht wirklich mit uns. Doch dann hat Subaia genug. Sie wirft die Sandschaufel im hohen Bogen fort, robbt von meinem Schoß und stellt sich auf ihre kurzen Beine. Schade, denke ich und klopfe mir den Sand von der Hose. „Subaia, wollen wir schaukeln gehen?“, fragt Simon. Er steht auf und streckt ihr die Hand entgegen. Mir steigen Tränen des Glücks in die Augen, als ich beobachte, wie das kleine Mädchen nach Simons Hand greift und mit ihm in Richtung Schaukel davontrottet. Langsam schlendere ich hinterher.

Der Hof des Kinderheims ist österlich geschmückt. Auf allen Spielgeräten turnen die größeren Kinder herum, die kleineren sitzen in den Sandkisten. Vereinzelt sind Erwachsene zu sehen. Manche haben Kinder an der Hand oder schieben einen Kinderwagen. Ob das wohl leibliche Eltern und Geschwister sind, die am Ostersonntag zu Besuch kommen? Was haben alle diese Kinder wohl erlebt? Was sind das für Eltern?

Ich denke wieder an das bevorstehende Gespräch mit Subaias Mutter und muss schlucken.

Vor mir taucht das Schaukelgerät auf. Simon schubst die Schaukel an, Subaia quietscht vor Vergnügen. Ich setzte mich auf eine Bank und beobachte die beiden. Der Vater mit dem Kind, denke ich und wieder durchströmt mich eine Welle der Zärtlichkeit.

Subaia stemmt die Füße in den Boden, um die Schaukel zu stoppen. Sie klettert etwas unbeholfen hinunter und stolpert davon, ohne uns eines weiteren Blickes zu würdigen. Simon und ich schauen uns verdutzt an. Dann setzen wir uns in Bewegung und folgen ihr in Richtung Sandkasten. Dort sitzt sie und schlägt sich mit dem Schippchen auf den eigenen Oberschenkel. Ich erschrecke.

Simon geht in die Hocke und sagt: „Das tut dir doch weh, Subaia. Komm, gib mir die Schippe." Er streckt die Hand aus. Subaia lässt die Schaufel fallen und wendet sich ab. Plötzlich wirkt sie wie erstarrt. „Hallo Subaia", sage ich, „wo bist du denn gerade?" Keine Reaktion. Ihr Blick ist leer, sie wirkt völlig abwesend. Simon und ich tauschen einen vielsagenden Blick: So sieht also so eine Absence aus, von der Frau Heinz gesprochen hat. Ich lege Subaia vorsichtig die Hand auf die Schulter und spüre wie ein leichtes Zittern durch ihren Körper geht. Plötzlich sieht sie mich an und sagt mit lauter, klarer Stimme: „Habt ihr noch mehr Schokolade?"

Diesmal bin ich es, die kurz erstarrt. Mit einem vollständigen und verständlichen Satz habe ich nicht gerechnet. Simon beginnt laut zu lachen. „Frau Heinz hat doch gesagt, du sollst nicht so viel Schokolade essen, du kleine Schelmin."

Subaia grinst ihn an. „Los, Kuchen machen“, sagt sie und klettert auf seinen Schoß.

Den Rest des Nachmittags spielen wir fröhlich zusammen. Am frühen Abend kommt Frau Heinz zu uns. „Es wird Zeit“, sagt sie freundlich, „die Kinder gehen jetzt nach oben, essen zu Abend und machen sich bettfertig. Für heute ist Ihre Besuchszeit leider zu Ende.“ Sie gibt uns die Hand und beugt sich zu Subaia hinunter. „Möchtest du Lina und Simon Tschüss sagen?“ Subaia sieht uns kurz und prüfend an, dreht sich auf dem Absatz um und wackelt von dannen, ohne sich noch einmal umzusehen. „Machen Sie sich nichts draus, das kommt noch“, sagt Frau Heinz tröstend und geht hinterher.

Auf dem Weg zum Auto sind Simon und ich in Gedanken versunken. Auf der Heimfahrt ziehe ich ihn ungeduldig am Ärmel: „Meinst du, sie mag uns?“

Simon sitzt konzentriert am Steuer und wirft mir nur einen kurzen Blick zu. „Ich glaube schon. Aber wir wissen ja, dass wir sie mögen. Warte es ab.“

Stimmt, denke ich. Wir alle brauchen Zeit, um uns kennenzulernen, Subaia vielleicht sogar am meisten. Für sie sind wir vermutlich nur weitere Besucher, die Notiz von ihr nehmen und ebenso schnell wieder verschwinden könnten. Kein Wunder, sage ich mir. Auf große und kleine Menschen kann sie sich aufgrund ihrer Erfahrungen nicht verlassen. Das war bisher Subaias Realität.

Als wir nach Hause kommen, sitzt meine Mutter noch immer vor dem Fernsehapparat. „Wie war es?“, ruft sie uns entgegen. Simon stellt den Fernseher aus.

„Wisst ihr was“, sagt er gut gelaunt. „Wir machen uns jetzt etwas zu essen und köpfen eine Flasche Sekt.“

Während wir am Tisch zusammensitzen, erzählen Simon und ich von unserer inzwischen nicht mehr ganz so fremden Tochter. Meine Mutter hört zu und kommentiert zu meinem Erstaunen wenig.

Am nächsten Morgen bringen wir sie zum Bahnhof. „Ruft mich an und erzählt, wie es mit Subaia weitergeht“, sagt sie bittend.

„Klar, Oma“ erwidert Simon und grinst.

„Du, du …“, sagt meine Mutter und droht ihm mit dem Zeigefinger. Dann lacht sie und steigt in den Zug ein.

Zwei Mütter

Seit diesem Tag sehen wir Subaia nach Absprache mit Jugendamt und Kinderheim immer regelmäßiger. Erst besuchen wir sie in größeren Abständen, bald komme ich täglich und an den Wochenenden zusammen mit Simon. Sein Chef hat zwar viel Verständnis für unsere Situation, möchte aber auch nicht gänzlich auf seinen Mitarbeiter verzichten. Ich arbeite seit einigen Jahren neben der Theaterarbeit für eine Zeitungsredaktion, schreibe Kulturartikel und die tägliche Glosse des Blatts. Ich rufe den Chefredakteur an und kann dabei ein übermütiges Lachen kaum unterdrücken: „Chef, halt dich fest: Es tut mir zwar leid für dich und die Kollegen, aber ich kann euch wahrscheinlich bald nicht mehr zur Verfügung stehen. Aller Voraussicht nach werde ich nämlich in ein paar Wochen Mutter."

Amüsiert genieße ich die verblüffte Pause am anderen Ende der Leitung, dann erkläre ich die Neuigkeit. Wie von mir erwartet, reagiert auch mein Vorgesetzter äußerst verständnisvoll. „Eins musst du mir aber versprechen", sagte er am Ende unseres Telefonats, „deine Glossen möchten wir gerne weiter auf unseren Seiten sehen. Das kannst du ja auch gut von zu Hause aus erledigen." Ich verspreche es hoch und heilig – und bin meinem Vorsatz bis heute treu geblieben.

Bei unseren Besuchen im Kinderheim reagiert Subaia einerseits sehr zutraulich, andererseits auch völlig abweisend. Manchmal springt sie uns auf den Schoß und will schon im nächsten Moment nichts mehr von uns wissen. Wir üben uns in Geduld – mit diesem Verhalten und mit ihren Absencen.

Zum Teil ist es mit unserer Kontaktaufnahme auch sehr schwierig, weil wir stets von anderen Heimkindern umlagert sind, die versuchen, unsere Aufmerksamkeit auf sich zu ziehen. Offenbar hoffen sie, ebenfalls „abgeholt" zu werden. Wir haben Angst, dass sich

Subaia zurückgesetzt fühlt und wollen gleichzeitig ihre Spielkameraden nicht verletzen. Besonders Simon tut sich schwer: Ein fünfjähriger Junge namens Daniel hat es ihm angetan. Der Kleine läuft sofort auf Simon zu, wenn er sich auf dem Hof des Heims oder in der Wohnung zeigt, und nimmt ihn in Beschlag. „Am liebsten würde ich sie alle mit nach Hause nehmen", seufzt Simon.

Subaia zeigt sich wenig erbaut darüber, wenn der ihr inzwischen angestammte Platz auf Simons Schoß von dreikäsehohen Konkurrenten besetzt wird. „Weg da", ruft sie manchmal wütend und zerrt an Daniel und den anderen Kindern herum. An anderen Tagen nimmt sie jedoch kaum Notiz von uns allen. Vielleicht will sie Simon und mich damit bestrafen, denke ich.

Als ich an einem Wochentag mit Subaia im Flur der Wohngruppe ein Lego-Haus baue, fällt mir ein leicht angegrauter Mann ins Auge, der sich mit einem kleinen Jungen in einer Sitzecke unterhält. Subaia hat ihn offenbar noch gar nicht wahrgenommen. Plötzlich blickt sie in seine Richtung, hält im Spielen inne und fragt: „Wer bist du?"

Der Mann wirft ihr einen kurzen Blick zu und erwidert: „Das weißt du doch, Subaia." Dann wendet er sich wieder dem Jungen zu. Wenig später verabschiedet er sich von dem Kleinen und verlässt die Wohnung, ohne weiter Notiz von uns zu nehmen.

Als Frau Heinz vorbeikommt, frage ich: „Wer war denn der Herr, der gerade ging?"

Sie antwortet: „Das ist Herr Richter, ein amtlicher Vormund. Er ist übrigens auch für Subaia zuständig."

Ich wundere mich sehr. Warum hat mich Herr Richter nicht angesprochen? Er weiß doch sicherlich, dass sich ein Bewerberpaar in der Anbahnungszeit befindet und konnte sich denken, wer ich bin, als er mich mit dem Kind gesehen hat. Ich verdränge jeden weiteren Gedanken an Herrn Richter und wende mich wieder Subaia zu. Einige Zeit später haben wir einen Termin mit Herrn Richter, Frau Kunze, der Familienhelferin von Subaias Mutter, und Frau Klein in

Frau Schusters Büro im Jugendamt. Herr Richter und Frau Kunze wollen uns kennenlernen und wir sollen über die Entwicklung unserer Anbahnung mit Subaia berichten. Wir begrüßen uns und Herr Richter sagt, als er mir die Hand gibt: „Wir haben uns ja schon kurz im Kinderheim gesehen." Ich nicke und denke mir meinen Teil. Er ist aber sehr nett und bald unterhalten wir uns alle sechs angeregt. Auch Frau Kunze ist sehr sympathisch. Wir berichten, dass Subaia immer positiver auf uns reagiert und erzählen kleine Anekdoten von unseren Begegnungen. „Inzwischen freut sie sich einfach nur noch, wenn wir kommen und bleibt eigentlich auch die gesamte Besuchszeit über bei uns", erkläre ich.

„Wie wirkte Subaia denn damals, wenn Sie die Familie besuchten?", fragt Simon forsch und schaut Herrn Richter an.

Er runzelt die Stirn und erwidert: „Wenn ich die große Schwester besuchen kam, sagte die Mutter meistens, Subaia würde schlafen. Die wenigen Male, die ich das Kind zu Gesicht bekam, stand es völlig abseits, sprach nicht und wirkte, als gehöre es nicht zur Familie." Wir fragen nicht weiter. „Ich freue mich, dass Sie Subaia bei sich aufnehmen wollen", sagt Herr Richter herzlich beim Abschied und lächelt uns an.

Herr Richter tut mir auch leid. Denn ich weiß inzwischen, dass so ein Amtsvormund viel zu viele Mündel hat, um wirklich Einblick in eine Familie zu haben. Herr Richter war für über 100 Kinder zuständig. Erst im April 2011 hat der Bundestag beschlossen, dass jeder amtliche Vormund ein von ihm betreutes Kind einmal im Monat besuchen muss. Um das möglich zu machen, dürfen Vormünder nur noch für maximal 50 Mündel zuständig sein und nicht mehr, wie vorher üblich, für mindestens 120 Kinder. Ausschlaggebend für die Gesetzesänderung war unter anderem der Tod des zweijährigen Kevin im Jahr 2006. Der kleine Junge war mit schweren Misshandlungsspuren im Kühlschrank seines drogensüchtigen Ziehvaters gefunden worden. Kevins Vormund hatte damals die Verantwortung für 240 bis 270 Mündel.

Jeder Besuch bei Subaia im Kinderheim steckt voller Überraschungen. Inzwischen konzentriert sie sich fast ausschließlich auf uns und wartet bereits mit vorwurfsvoller Miene an der Tür, weil sie überzeugt ist, dass wir uns verspätet haben. Dabei würden wir uns das niemals erlauben. Schließlich können auch wir es kaum abwarten, sie in die Arme zu schließen.

Ihre Betreuerinnen werden für Subaia immer nebensächlicher. Immer häufiger weint sie beim Abschied und will uns nicht gehen lassen. Manchmal stellt sie sich vor die Wohnungstür, um uns den Weg zu versperren. Dann reicht auch die Überzeugungskraft von Frau Heinz nicht aus und sie muss das schreiende kleine Mädchen regelrecht festhalten, damit wir aus der Tür schlüpfen können. Diese Abschiedsszenarien sind fürchterlich für uns. Oft laufen mir im Treppenhaus die Tränen hinunter, weil ich am liebsten gleich wieder anklopfen würde.

Ich überlege, wie die Betreuer und insbesondere Frau Heinz damit zurechtkommen, durch Adoptionsbewerber oder Pflegeeltern ausgetauscht zu werden. Denn ich habe schon lange den Eindruck, dass auch den Heimerziehern viel an Subaia liegt. Sie ist weitaus länger im Heim als die anderen Kinder und immer noch die Kleinste. Dazu kommt ihre besonders dramatische Geschichte. Ob Frau Heinz uns die Fürsorge für Subaia wirklich zutraut? Trauen wir uns selbst?

Als ich mit Simon darüber rede, beruhigt er mich: „Die Leute dort machen ihren Job. Und wir werden bestimmt Fehler machen. Aber das kommt in jeder Familie vor."

Nach einiger Zeit bekommen wir vom Kinderheim die Erlaubnis, mit Subaia Zeit außerhalb des Heims zu verbringen. „Machen Sie Spaziergänge in den Park des Viertels oder gehen Sie auf einen der Spielplätze", hat uns Frau Heinz geraten. Wir freuen uns darüber, Subaia ganz für uns alleine zu haben und viel Zeit im Freien zu verbringen. Allerdings reagiert Subaia sehr zögerlich. Wir kommen kaum von der Stelle, weil sie schon nach wenigen Metern Fußweg die Hände nach uns ausstreckt und klagend ruft: „Auf den Arm!“ Sie ist aber mit ihren dreieinhalb Jahren ein kräftiges Kind und selbst für Simon zu schwer, um sie über weite Strecken durch die Gegend zu tragen. „Wir sind halt doch beide alte Eltern“, ziehe ich Simon auf, wenn er unter Subaias Gewicht stöhnt. „Als Ausgleich kann dich ja deine Tochter in ein paar Jahren im Rollstuhl durch die Gegend schieben.“

Schließlich schlägt Frau Heinz vor: „Fahren Sie doch mal Bus. Das hat Subaia bisher nur selten erlebt und findet es ungemein spannend.“ Wir machen kleine Ausflüge. Im Bus ist Subaia ganz außer sich. Sie hüpft mal auf Simons, mal auf meinen Schoß und deutet quiekend und plappernd durch das Fenster auf einen Baum, einen Hund oder andere für sie unglaubliche Sehenswürdigkeiten. Mit großen Augen blickt sie auf die Welt „da draußen“. Simon und ich lachen viel und unsere Augen versprechen uns: Wir werden unserer Tochter noch vieles zeigen, was sie in Erstaunen versetzt.

Eines Tages werde ich von Frau Heinz aufgefordert, mit Subaia in die Stadt zu fahren, um Kinderkleidung zu besorgen. „Das ist ja demnächst Ihre Aufgabe“, sagt Frau Heinz lächelnd, „dann können Sie auch genauso gut gleich damit beginnen.“ Ich habe ein paar Tage zuvor einen Buggy gekauft. Während sie wie eine Prinzessin im Buggy thront und ich sie durch die Kinderabteilung eines Kaufhauses schiebe, brabbelt Subaia vor sich hin: „Mama, Mama, Mamaaa ...?“

Ich bleibe stehen, beuge mich zu ihr hinunter und schaue sie an: „Willst du, dass ich deine Mama bin?“

Sie nickt und sagt selig strahlend: „Ja!“ Ich gehe in die Knie und schließe sie in die Arme. Sie umschlingt mich. Ich drücke sie an mich und wische dabei meine Freudentränen an ihrem Pullover ab. „Danke, mein Kind!“

Als ich Simon am Abend verkünde, dass mich Subaia Mama nennt, ist er ein bisschen neidisch. „Zu mir sagt sie nicht Papa“, beklagt er sich.

Ich nehme ihn tröstend in den Arm: „Ich sehe sie ja auch öfter als du, weil ich unterhalb der Woche zu ihr kommen kann. Warte ab, das kommt schon."

Wenig später folgen wir einer Einladung des Jugendamts, um Subaias Mutter kennenzulernen. Frau Schuster schärft mir am Telefon ein: „Ich werde Sie mit Ihren Vornamen vorstellen. Denken Sie daran: Der leibliche Vater ist ja weiterhin auf der Flucht und auch die Mutter sollte nicht wissen, wo Sie wohnen. Lassen Sie mich nur machen, ich bin ja auch da."

Ich bin trotzdem unruhig. Wie wird Subaias Mutter wohl sein? Vor mir tauchen Bilder einer brutal wirkenden jungen Frau auf. Wenn ich daran denke, was Subaia passiert ist, werde ich wütend. Aber wir wissen nicht, wer wirklich dafür verantwortlich ist und was Subaias Mutter selbst erlebt hat, sage ich mir dann. Irgendetwas muss in ihrem Leben passiert sein, kein Mensch wird böse geboren. Und sie hat Subaia zur Welt gebracht. Es muss auch für sie merkwürdig sein, auf die zukünftigen Adoptiveltern ihrer Tochter zu treffen. Wird sie ihr Kind loslassen?

Simon ist ebenfalls mulmig zumute. „Aber wir haben bisher schon so viel geschafft, das kriegen wir auch hin", sagt er tapfer, als wir vor Frau Schusters Bürotür stehen, und klopft an. Nachdem Frau Schuster geöffnet und uns begrüßt hat, fällt unser Blick auf eine adrett gekleidete junge Frau am Tisch, die uns argwöhnisch entgegensieht. Sie steht auf. Frau Schuster stellt uns mit unseren Vornamen vor. Ich reiche ihr lächelnd die Hand und spüre kaum einen Gegendruck. Frau Schuster deutet auf zwei freie Stühle und wir setzen uns alle. Es herrscht kurzes Schweigen.

Subaias Mutter ist eine eher kräftige, aber keineswegs mollige und insgesamt aparte Erscheinung. Sie hat fülliges Haar und braune Locken, allerdings ringeln sich diese in größeren Wellen als bei ihrer Tochter. Die Haare sind zurückgebunden. Bestimmt hat Subaias Vater kleine Locken wie die meisten marokkanischen Männer, denke ich. Die Anlagen für ihre Haarpracht hat sie sicherlich von beiden Eltern. Subaias Mutter ist mit einer Jeans und einem modischen T-Shirt bekleidet. Jetzt legt sie die Hände in den Schoß und ich sehe, dass sie leicht zittern. Im Kinderwagen neben ihr schläft Subaias ein paar Monate alte kleine Schwester. Ich würde gerne einen Blick auf sie werfen, traue mich aber nicht, zu fragen. Vielleicht denkt Subaias Mutter dann, ich wolle von ihrer gesamten Familie Besitz ergreifen.

Ich lächle sie an und sage: „Schön, dass wir Sie endlich kennenlernen." Sie nickt leicht.

Frau Schuster schaut in die Runde. „Ich freue mich auch, dass wir hier zusammenkommen", sagt sie. „Ich schlage vor, dass Lina und Simon jetzt erst einmal etwas von sich erzählen und dann werden wir berichten, wie die Anbahnung zurzeit verläuft."

Simon und ich erklären, seit wann wir uns kennen, wie wir leben und was wir beruflich machen. Dann erzählen Frau Schuster und wir abwechselnd und recht neutral, seit wann wir Subaia im Kinderheim besuchen und was wir mit der Kleinen unternehmen. Subaias Mutter hört zu, zeigt aber wenig Regung.

„Wie verhält sich meine Tochter denn so?", fragt sie plötzlich und rutscht unruhig auf dem Stuhl hin und her.

„Nun", antworte ich zögerlich, „Sie haben eine ganz bezaubernde Tochter, manchmal reagiert sie allerdings recht wenig. Sie hat eben ihren eigenen Kopf."

Subaias Mutter wirft kurz den Kopf in den Nacken, lacht und erwidert: „Ja, ja, sie hat schon immer gerne Nein gesagt."

Frau Schuster sieht sie eindringlich an: „Haben Sie Fragen an Lina und Simon?"

Und Subaias Mutter schaut mich direkt an und fragt: „Sind Sie in der Lage, für meine Tochter zu sorgen und sie angemessen zu fördern?" Ich sehe wie Simon schluckt und denke: Sie spricht wirklich wie eine Sozialarbeiterin. Frau Klein hatte uns darauf hingewiesen, dass Subaias Mutter trotz ihrer kurzen Schulausbildung recht wortgewandt sei. „Sie selbst wurde schon in ihrer Kindheit vom Jugendamt betreut und hat sich durch den Kontakt mit den Sozialarbeitern einen gewissen Sprachgebrauch angeeignet", hatte sie bei unserem Vorgespräch geäußert.

Ich sehe Subaias Mutter intensiv an und antworte: „Wir sind überaus glücklich, uns um Subaia kümmern zu dürfen und sind uns sicher, dass wir gut für sie sorgen können."

Wieder blickt mir Subaias Mutter direkt in die Augen: „Sagt sie Mama zu Ihnen?"

Diesmal bin ich es, die schluckt. Dann druckse ich herum: „Eigentlich nennt sie mich Lina."

Sie schaut auf ihre Schuhspitzen. Dann hebt Subaias Mutter den Kopf und sagt mit fester Stimme: „Sie können sie zu sich nehmen und für sie sorgen, aber ich werde Subaia niemals zur Adoption freigeben. Ich habe ja bei ihrem Bruder gesehen wie das läuft."

Sie steht auf und umfasst den Griff des Kinderwagens. Simon und ich sitzen steif und starr auf unseren Plätzen. Frau Schuster erhebt sich ebenfalls und sagt betont munter: „Das war jetzt erst unser erstes Treffen. Ich schlage vor, wir sehen uns in zwei Wochen wieder." Simon und ich erheben uns von unseren Stühlen und geben Subaias Mutter die Hand. Sie fühlt sich weich und kraftlos an. Als Subaias Mutter den Kinderwagen um den Tisch herumschiebt, erhasche ich doch noch einen Blick auf das Baby. Ein kleines lockiges Mädchen schaut mich aus großen braunen Augen an.

Nachdem die Tür ins Schloss gefallen ist, sieht uns Frau Schuster prüfend an. „Subaias Mutter braucht Zeit. So eine Situation ist für jede abgebende Mutter unglaublich schwierig. Bei der Adoption ihres Sohnes hatte sie zu Beginn Telefonkontakt zu den Adoptiveltern. Da das nicht gut ging, wurde er abgebrochen. Warten Sie jetzt erst einmal die nächsten Termine ab." Wir nicken und gehen betrübt nach Hause.

Wir werden Subaias Mutter drei Jahre lang nicht wiedersehen. Alle weiteren Termine hat sie abgesagt.

Gemischte Gefühle

Simon und ich sitzen nach dem Treffen lange zusammen und reden. Was passiert jetzt? Sollen all unsere Träume von einer glücklichen kleinen Familie nun doch noch scheitern? Wir verstehen die Welt nicht mehr. Auch Subaias Mutter müsste doch froh sein, wenn ihre kleine Tochter eine Heimat findet, meinen unsere Freunde Corinna und Holger.

Das könnte sie doch niemals äußern, sie hat offensichtlich keine echte Bindung zu Subaia, sonst wäre das alles nicht passiert, sage ich. Und vermutlich ist für sie jedes Einverständnis zur Adoption auch ein Schuldeingeständnis, das Eingestehen ihres eigenen Versagens. Solange sie Nein sagt, negiert sie das Geschehene und bleibt für sich die liebende Mutter, der das Kind genommen wurde.

Wir reden und reden, doch trotz aller Zweifel stand unser Entschluss von vorneherein fest. Wir haben Subaia längst ins Herz geschlossen. Auch wenn wir sie nicht adoptieren können, würden wir sie zu uns nehmen. Wir wollen dieses Kind und Subaia braucht eine Familie.

Am nächsten Morgen rufe ich Frau Schuster an. „Warum hat Subaias Mutter bloß ihren Entschluss geändert, das Kind zur Adoption freizugeben?“, frage ich.

Sie seufzt. „Sie stand sehr unter Druck, als die Misshandlungen offenkundig wurden. Es kommt häufig vor, dass die Mütter ihren Entschluss später ändern. Aber wie bereits gesagt: Jetzt haben Sie ja erst einmal ein Jahr Adoptionspflege vor sich. Danach sehen wir weiter. Wenn alle Stricke reißen, können wir später ihr Einverständnis zur Adoption gerichtlich ersetzen lassen. Ein Kind wie Subaia braucht eine zuverlässige Lebenssituation.“ Ich weiß nicht so recht, was das alles bedeuten soll, frage aber auch nicht weiter nach. Ich denke an Frau Schusters Worte: Lassen Sie sich Zeit! Genau diese Zeit werden wir auch brauchen, um uns alle an unsere neue Lebenssituation zu gewöhnen, denke ich dann. Jetzt geht es darum, uns auf Subaia zu konzentrieren und das kleine Mädchen mit all seinen traumatischen Erfahrungen aufzufangen und lieb zu haben. Ich lächle in Gedanken an unsere zauberhafte, eigenwillige Adoptionspflegetochter.

Kurze Zeit später dürfen wir Subaia stundenweise mit zu uns nach Hause nehmen. Auf Empfehlung des Kinderheims sollen kleine Kinder ihre zukünftigen Adoptionspflegeeltern nicht über Nacht besuchen, weil der Abschied sonst zu schwer fällt. „Einmal umgezogen, für immer umgezogen. Und außerdem entscheiden nicht wir, sondern das Kind darüber, ob und wann es zu seinen neuen Eltern möchte", hat uns Frau Heinz erklärt.

„Aber Subaia ist doch noch klein, kann sie das schon so äußern?", frage ich nach.

„Sie kann – warten Sie es nur ab", antwortet Frau Heinz geheimnisvoll. Wir können uns das kaum vorstellen, haben aber bereits so einige Überraschungen erlebt und üben uns deshalb in Geduld.

Simon und ich haben in den vergangenen Wochen viel Mühe darauf verwendet, ein Kinderzimmer für Subaia einzurichten. Mit leuchtenden Augen bin ich durch die Ausstellung eines Möbelhauses gelaufen. „Sieh mal hier, ein echtes Prinzessinnen-Bett. Einen Kleiderschrank braucht Subaia auch. Und Spielzeug!"

„Aber nicht zu viel. Schließlich ist es bald an Subaia, sich etwas auszusuchen. Sie ist ja kein Baby mehr", sagt Simon. Schade, ich hätte am liebsten den gesamten Laden leer gekauft, um unsere zukünftige Tochter zu überraschen. Aber die Spieluhr in Form eines Mondes wird gleich genehmigt, damit das kleine Mädchen schöne Träume in seinem neuen Zuhause hat.

Eines Tages streckt Subaia beim Verlassen unserer Wohnung auf Simons Arm flehend ihre Ärmchen nach dem neu eingerichteten Raum aus und ruft: „Ich will aber mein Kinderzimmer mitnehmen!"

Es fällt uns ungemein schwer, sie trotzdem ins Heim zurückzubringen. Dort angekommen, trottet Subaia aber ganz brav in ihre Wohngruppe. Simon tröstet mich: „Subaia weiß doch inzwischen, dass wir immer wieder kommen. Du musst auch den Heimerzieherinnen ein bisschen mehr vertrauen, sie haben doch jahrelange Erfahrung." Als ich am nächsten Morgen im Heim eintreffe, rennt Subaia freudestrahlend auf mich zu. Ich nehme sie glücklich in die Arme. In einem unbeobachteten Moment erzähle ich Frau Heinz, was zu Hause vorgefallen ist. Sie lächelt breit und sagt: „Das ist ein Zeichen dafür, dass die Zeit bald reif sein wird."

Zwei Tage später ruft Frau Heinz nachmittags an. „Wissen Sie, was heute passiert ist? Nachdem Sie gegangen waren, haben wir die Verabschiedung eines unserer Kinder gefeiert. Subaia saß die ganze Zeit auf meinem Schoß. Plötzlich hat sie mich angestupst und gesagt: Ich gehe auch bald nach Hause! Ich habe gefragt: Wo ist denn dein Zuhause? Und Subaia hat strahlend geantwortet: Bei Mama und Simon!"

Ich sage „Das ist ja prima" und versuche in mich hineinzuhorchen, was diese Neuigkeit in mir auslöst.

Frau Heinz erklärt gut gelaunt: „Jetzt dürfen wir nicht mehr lange warten. Wir sehen uns morgen."

Nachdenklich lege ich den Hörer auf. Ich versuche mich zu sammeln und koche mir erst einmal Kaffee. Als ich mit der dampfenden Tasse am Küchentisch sitze, überlege ich: Ob Subaia wohl lieber Kakao oder Malzkaffee mag? Am besten besorge ich beides. Ich stelle mir vor, wie wir zu dritt morgens am Frühstückstisch zusammensitzen. Plötzlich merke ich, wie Freude in mir hochsteigt. Mir ist ganz heiß vor Glück.

Ich greife zum Hörer und rufe Simon an. „Schatz, es ist soweit: Subaia will zu uns nach Hause kommen!" Dann erzähle ich aufgeregt, was mir Frau Heinz berichtet hat. Dabei bemerke ich zuerst gar nicht, dass Simon am anderen Ende der Leitung immer stiller wird. „Das ist doch toll, Simon, oder?", frage ich atemlos.

Am anderen Ende herrscht lange Schweigen. Dann höre ich Simons zögernde Stimme: „Das geht aber jetzt alles sehr schnell.“ Ich will gerade antworten, da fügt er hastig hinzu: „Ich muss weiterarbeiten, Schatz. Wir reden heute Abend.“

Mit dem Hörer in der Hand lasse ich mich auf einem Küchenstuhl nieder. In mir zieht sich alles zusammen. Was ist denn jetzt los? Simon wollte doch dieses Kind. Wir sind doch schon so weit gekommen. Subaia wartet doch auf uns.

Der Nachmittag verläuft schleichend und quälend. Ich rufe Corinna auf ihrem Handy an. „Du, ich arbeite gerade, aber erzähl schnell“, sagt sie. Na super, denke ich. Weder mein Freund noch meine beste Freundin wollen mit mir reden. Ich erzähle also im Schnelldurchlauf. „Lass Simon Zeit“, sagt Corinna etwas gehetzt, „er kriegt sich schon wieder ein. Du weißt doch, dass er Subaia möchte. Aber er hat eben nicht dein Rennfahrer-Tempo. Und manchmal denke ich, das ist auch ganz gut so. Schließlich ergänzt ihr euch dadurch als Paar. Ich rufe dich später noch mal an, versprochen!“ Das Wort Zeit kann ich bald nicht mehr hören. Und was ist mit Subaia und mit mir? Was wird Frau Heinz, was Frau Schuster sagen? Werden sie uns Subaia anvertrauen, wenn wir jetzt zögern?

Ich lege mich aufs Sofa, schalte den Fernseher ein und versuche bis zu Simons Heimkehr abzuschalten. Als er am Abend nach Hause kommt, habe ich mich gesammelt. Ich empfange Simon an der Wohnungstür, nehme ihn in die Arme und sage: „Bitte sei mir nicht böse, ich wollte dich nicht überfahren, schon gar nicht bei der Arbeit. Wir hatten in den vergangenen Wochen kaum Zeit zum Durchatmen, alles ist sehr schnell gegangen. Ich war ja viel öfter als du bei Subaia, fast täglich, und konnte mich viel früher in meine Mutterrolle einfühlen als du in die Paparolle. Für dich ist die Umstellung viel schwerer. Ich werde mit Frau Schuster reden und fragen, ob ein Aufschub möglich ist.“

Simon sieht müde aus. Er schiebt mich sanft von sich und schaut mir in die Augen. „Schatz, du bist immer in allem so schnell. Es ist manchmal schwer, mit dir mitzuhalten.“ Ich denke an Corinnas Worte. Simon holt tief Luft und sagt dann ernst: „Dabei bist es diesmal ja gar nicht du, die es so eilig hat, sondern Subaia.“ Kurze Pause. Ich halte den Atem an. „Aber ich will ja euch beide“, sagt er plötzlich und wirft theatralisch die Arme in die Luft, „was für zwei wilde Weiber habe ich mir da nur eingehandelt!“ Das wird sich Simon in den folgenden Jahren allerdings noch oft fragen.

Am folgenden Tag rufe ich schweren Herzens Frau Schuster an. „Subaia möchte gerne bald umziehen, aber Simon braucht noch ein bisschen Zeit“, erkläre ich und warte bang auf ihre Reaktion. Aber Frau Schuster versteht die Situation. „Das ist völlig in Ordnung. Es ging ja auch alles sehr schnell für Sie. Ich telefoniere mit Subaias Heimbetreuerinnen, sie werden das gut hinbekommen. Und Subaia ist ein starkes Kind.“

Frau Heinz ist voll informiert und reagiert sehr verständnisvoll, als ich ihr am nächsten Tag im Heim über den Weg laufe. Sie nimmt mich beiseite und sagt: „Der eine braucht länger, der andere kürzer. Bei Ihnen beiden habe ich ein gutes Gefühl. Sie machen das schon.“ Ich drücke kurz ihren Arm und bin unendlich erleichtert. Ich vermeide es trotzdem, Subaia mit in unsere Wohnung zu nehmen, um sie nicht weiter zu verunsichern. Außerdem ist es schön warm draußen, wir verbringen viel Zeit im Freien. Sie plappert unentwegt, lacht viel, klettert häufig auf meinen Schoß, hat immer seltener Absencen und ist tagsüber ein überaus fröhliches Mädchen. Aber nachdem ich mich am Abend, häufig unter Tränen meines kleinen Mädchens, verabschiedet habe, sieht mir Subaia mit traurigen Augen am Fenster des Heims hinterher, während ich zu meinem Auto gehe, ihr betont fröhlich zuwinke und Kusshändchen in die Luft werfe. Sie soll nicht sehen, wie schwer auch mir diese Abschiede fallen.

Es zerreißt mir fast das Herz, aber in den folgenden Tagen versuche ich dennoch, mit Simon das Thema „Subaias Umzug“ zu vermeiden. Er plant aber von sich aus weiter, wie er ihr Kinderzimmer noch schöner umgestalten könnte. Dann hänge ich an seinen Lippen und strahle ihn an.

An einem Montag, eine Woche nach meinem Anruf bei Frau Schuster, kommt Simon abends nach Hause und sagt mit schelmischem Gesichtsausdruck: „Für den kommenden Donnerstag und Freitag habe ich mir freigenommen. Frag doch bitte morgen im Heim nach, ob wir an einem der beiden Tage mit Subaia Abschied feiern können, ja?"

Ich sehe ihn ungläubig an und er grinst. „Sicher?", frage ich.

„Ganz sicher", antwortet er. Ich falle ihm um den Hals und küsse ihn stürmisch ab. „Na, na", sagt Simon und schiebt mich lächelnd von sich weg. „Spar dir noch ein paar Küsse für unsere Tochter auf!"

Am Donnerstag, einem schönen sonnigen Tag im Mai, fahren wir ins Heim, um Subaia in ihr neues Zuhause zu holen. Seit Frau Schusters erstem Anruf wegen Subaia sind nur etwas weniger als acht Wochen vergangen. Im Kinderheim erwartet uns ein strahlendes kleines Mädchen sowie ein gemütliches Abschiedsfrühstück mit allen Kindern ihrer Gruppe und den diensthabenden Betreuerinnen. Frau Heinz hat dafür gesorgt, dass sie an diesem Tag ebenfalls Dienst hat.

Neben Kakao, Brötchen, Käse, Aufschnitt und Schokoladenkuchen gibt es für Subaia ein Fotoalbum aus ihrer Kinderheimzeit und viele bunte Smarties. Simon und ich sitzen inmitten der bunten Kinderschar links und rechts an Subaias Seite. Unsere Tochter thront wie eine Königin in unser aller Mitte und genießt die allgemeine Aufmerksamkeit. Ich stupse Simon an: „Schau mal, sie hat schon wieder einen total schokoladenverschmierten Mund." Er betrachtet Subaia und lacht. Sie schaut zurück und grinst.

Nach der Abschiedsfeier verlassen wir drei Hand in Hand das Kinderheim. Oben am Fenster stehen Frau Heinz und die Kinder von Subaias bisheriger Wohngruppe und winken. Ich denke: Bisher stand auch unsere Tochter dort oben. Jetzt winkt Subaia fröhlich von unten, dreht sich um und geht weiter, ohne sich umzuschauen.

Seitdem feiern wir diesen Tag als Subaias „Ankunftstag". Allerdings nicht wie ihren Geburtstag mit einer Kindergruppe, sondern mit Menschen, die ihr heute nahe stehen und die sie selbst bestimmt. Das sind häufig ihre Paten. Außerdem entscheidet Subaia darüber, was wir an diesem besonderen Tag unternehmen. Nach dem Kinderheim, seinen Betreuern und Bewohnern fragt sie uns nie. Dennoch wahren wir den Kontakt zum Heim.

Subaias allerersten Ankunftstag verbringen wir drei gemeinsam und lassen es uns gut gehen. Wir schlendern zu einem nahe gelegenen Spielplatz, schlecken ein Rieseneis, hocken uns in den Sandkasten und backen Simons berühmten Schokosandkuchen. Beim Abendessen sitzt Subaia fröhlich plappernd auf ihrem neuen Kinderstuhl. Ich betrachte glücklich meine kleine Familie. Simon strahlt mich an. Das haben wir gut gemacht, sagen seine Augen.

Dann bringen wir Subaia ins Bett. Während ihr Simon vorliest, mümmelt sie zufrieden an ihrem kleinen gelben Oster-Stoffhasen und schläft schnell ein.

Nachdem wir ins Bett gegangen sind, können ihr frischgebackener Vollzeitpapa und ich noch lange nicht einschlafen. Wir liegen auf dem Rücken, halten uns an den Händen und fragen uns: Wird Subaia erschrecken, wenn sie die Augen aufschlägt? Wird sie nach Frau Heinz rufen, nach den anderen Betreuerinnen, nach ihren Spielkameraden? Nach ihrer leiblichen Mutter? Schließlich fallen uns doch die Augen zu. Am nächsten Morgen liegen wir sehr früh wach in unserem Bett und lauschen. An Subaias Prinzessinnen-Bett ist die Mond-Spieluhr befestigt. Plötzlich hören wir ihre Melodie wieder und wieder. Als wir zu Subaia ins Kinderzimmer kommen, strahlt sie uns aus ihren großen braunen Augen an. Es ist, als sei Subaia schon immer da gewesen. So beginnt für uns alle ein neuer Lebensabschnitt.

Schatten der Vergangenheit

Nach dem ersten gemeinsamen Wochenende in Subaias und unserem neuen Leben fängt Simons Berufsalltag wieder an. Und ich bin jetzt hauptberuflich Mutter. Zwar mit Leib und Seele, aber auch mit großen Hindernissen – wie ich bald feststelle. Meine träumerische Vorstellung eines glücklichen kleinen Mädchens, das sich zufrieden an unseren Alltag anpasst, zerplatzt wie eine Seifenblase. Was habe ich auch erwartet? Dass Subaia uns dankbar ist? Die Spuren ihres bisherigen Lebens lassen sich nicht wegwischen.

Subaia schaut mit großen Augen in ihre neue Welt und geht eigene Wege. Einerseits fordert mein kleines Mädchen meine ganze Aufmerksamkeit, andererseits ist sie völlig erziehungsresistent. Sie kuschelt, plappert, will beachtet und umsorgt werden, reagiert aber gar nicht, wenn ich das berühmte Wörtchen „Nein" ausspreche. Sie will bestimmen, wo es lang geht, sich nichts sagen lassen.

„Subaia, komm bitte her. Es wird Zeit, dich anzuziehen." Ein Kopfschütteln, ein Grinsen, eine Verfolgungsjagd um den Wohnzimmertisch. Noch gewinne ich den Kampf, ich bin größer und stärker und kann sie packen. Manchmal brüllt sie wie am Spieß, manchmal quietscht sie vor Freude über das Spiel. Ich kann bei diesen Rangeleien nicht einschätzen, wie es ausgehen wird. Hält sie alles für ein Spiel oder sucht sie meine Konsequenz?

Grundsätzlich ist Subaia völlig grenzenlos und respektiert auch die Grenzen nicht, die ich versuche ihr zu setzen. Bereits beim Frühstück tragen wir Kämpfe aus. „Subaia, gib mir bitte das Messer. Ich habe Angst, dass du dich verletzt." Ein prüfender Blick, ein schräges Lächeln, abwartende Haltung. Subaia erstarrt, reagiert nicht. „Subaia, ich zähle bis drei ..." Das wirkt schließlich. Allerdings frühestens fünf Minuten später.

Immer wieder provoziert Subaia Situationen, um mich auszutesten. Alles wird negiert. Sogar wenn ich frage: „Willst du ein Eis?", antwortet sie im Brustton der Überzeugung: „Nein." Dabei macht sie große Augen und schaut begehrlich auf die Süßigkeit. Seufzend gebe ich sie ihr.

Wenn ich mit Subaia auf die Straße gehe, weigert sie sich, an meiner Hand zu laufen. Da sie auch nicht vor Zebrastreifen oder an Ampeln Halt macht, bin ich gezwungen, zu reagieren. Schon wenige Tage nach Subaias Umzug gerate ich an meine selbst gesetzten pädagogischen Grenzen. Auf dem Weg zum Supermarkt läuft Subaia vor in Richtung Straße. Ich rufe: „Subaia, bleib stehen! Dort fahren Autos." Sie hüpft unbeirrt weiter und schaut sich nicht um. Ich sprinte hinter ihr her und greife nach ihrer Hand. Das wird mit entrüstetem Geschrei quittiert. Für ihre dreieinhalb Jahre kann Subaia immense Kräfte entwickeln, wenn sie sich am Weitergehen gehindert sieht. Mit trotzverzerrtem Gesicht stemmt sie ihre kurzen Beine in den Boden, brüllt und sieht mich feindselig an. Ihr wutverhangener Blick geht mir durch und durch. Ich möchte meine körperliche Überlegenheit nicht spielen lassen, muss aber mein Kind vor dem Straßenverkehr schützen und Subaia ihre Grenzen aufzeigen. Also ziehe ich sie gegen ihren Willen auf dem Bürgersteig hinter mir her. In diesem Moment habe ich das Gefühl, dass mich Subaia abgrundtief hasst. Zwei Passantinnen bleiben stehen, beobachten interessiert die Szenerie und schütteln die Köpfe. Die mitleidsvollen Blicke der beiden Frauen, ganz offensichtlich auf das schreiende Kleinkind und gegen mich, die böse Mutter, gerichtet, geben mir den Rest.

Zu Hause angekommen, hört Subaia augenblicklich auf zu brüllen. Wir sind beide völlig erschöpft und kuscheln zusammen auf dem Wohnzimmersofa.

„Zu Hause ist sie auch anstrengend, aber unter Zeugen umso mehr", erzähle ich Simon abends. „Wenn wir alleine sind, ist sie aber auch sehr liebesbedürftig. Das entschädigt mich für vieles." Er lächelt mich aufmunternd an und streichelt meine Hand.

Ich begreife immer mehr, dass dieses Mädchen, meine neue Tochter, eben kein „normales" Kind ist. Als Tagesmutter hatte ich mit vielen Kindern unterschiedlichen Temperaments in Subaias Alter zu tun. Keins glich meiner Tochter. Am meisten macht mir zu schaffen, dass Subaia immer auf der Hut und in Verteidigungshaltung ist. Es schmerzt mich zu erleben, dass sie mir weiterhin zutiefst misstraut, obwohl sie offensichtlich gerne mit mir schmust. Subaia schützt sich aus Angst vor negativen Folgen, denke ich.

Und sie schützt sich auch nach außen: Jeder Gang auf die Straße ist sehr zeitaufwendig, weil Subaia sämtliche Gartentore schließt, die auf unserem Weg liegen. Auch innerhalb unserer Wohnung macht sie unentwegt die Zimmertüren zu. Ich berichte Frau Schuster am Telefon von dieser Eigenart. „Subaia wurde von ihrer leiblichen Mutter oft im Kinderzimmer eingesperrt und allein gelassen. In solchen Momenten wurde sie aber zumindest nicht misshandelt. Vermutlich gibt ihr eine geschlossene Tür Sicherheit", antwortet Frau Schuster. Ich muss einfach nur Geduld haben und Subaias Vertrauen gewinnen, sage ich mir. Mir ist klar, dass das ein langer Weg wird. Denn wenn Subaia bockt und sich verweigert, sehe ich keine altersgemäße Trotzphase, sondern lese in ihren Augen: Erwachsenen ist grundsätzlich nicht zu trauen.

Ich bin glücklich, wenn ich morgens in Subaias freudestrahlende Augen schaue und am Abend erschöpft, wenn Simon die Kleine ins Bett bringt. Die Einschlafzeremonie läuft im Gegensatz zu den alltäglichen Herausforderungen völlig problemlos ab. Simon liest vor und Subaia schläft meistens schnell ein. So anstrengend die Tage mit ihr auch sind, abends ist sie ein Engelchen.

„Ich weiß gar nicht, was du hast", flachst Simon grinsend, „bei mir ist unsere Tochter immer ganz brav." Ich bin mir nicht sicher, ob ich lachen oder mich über seine Bemerkung ärgern soll. Simon schaut mich prüfend an und sagt schnell: „Sie ist als Kinderheimkind doch schon an feste Schlafzeiten gewöhnt." Sein Einlenken versöhnt mich wieder.

Da Simon die Kleine tagsüber nicht sieht, haben wir uns darauf geeinigt, dass das Zubettbringen seine Aufgabe ist. Denn Subaia ist trotz unserer Auseinandersetzungen sehr auf mich fixiert. Ein paar Mal sitzt sie aufrecht im Bett und skandiert lautstark: „Papa, geh weg. Mama liest.“ Ich erwidere: „Nein, mein Schatz. Papa liest dir vor und ich gehe ins Wohnzimmer. Gute Nacht, schlaf schön.“ Es fällt mir schwer, aus dem Zimmer zu gehen, wenn sie flehend ihre Arme nach mir ausstreckt. Aber mir ist wichtig, dass sie ihre Zeit mit Simon genießt, seinen Part als Vorleser akzeptiert und wertschätzt. Er soll nicht austauschbar sein. Ganz abgesehen davon, dass ich meine abendliche Zeit auch brauche, um mich persönlich und beruflich wieder zu finden. Manchmal arbeite ich bis spät in die Nacht.

Ich freue mich, Subaias Mutter sein zu dürfen und fühle mich in meiner Mutterrolle dennoch oft hilflos. Wenn ich mich mit unseren besten Freunden Corinna und Holger treffe, amüsieren sich beide sichtlich über meine Erziehungsversuche. „Die Trotzphase ist doch normal bei Kindern in diesem Alter“, sagt Holger, „da hilft nur Konsequenz.“

Immer wieder bekommen wir ungefragt Ratschläge aus unserem Freundes- und Familienkreis, von den vermeintlich erfahrenen Eltern. Ich ärgere mich. Besonders, wenn ich miterlebe, dass bei Corinna und Holger ganztägig der Fernseher läuft. Ihre Tochter Kim sitzt häufig vor Sendungen, die nicht für Kinderaugen bestimmt sind.

Ich beschwere mich bei Simon: „Wieso glauben alle, dass sie mit ihren Kindern alles besser machen? Wir sehen doch, dass bei ihnen auch nicht alles stimmt, mischen uns aber nicht in ihre Erziehung ein.“

Simon tröstet mich: „Lass dir nichts einreden. Außerdem ist Subaia erst seit Kurzem bei uns. Alles muss sich noch einspielen.“

Das stimmt, denke ich. Kim bockt zwar auch wie andere Kinder in diesem Alter, aber ihre Eltern haben sie von Geburt an erzogen und Kims Urvertrauen lässt sie zu einem altersgemäß trotzigen, aber grundsätzlich lernfähigen Kind gedeihen. Sie hat keine schlechten Erfahrungen, kein Trauma zu verarbeiten.

Zwei Wochen nach Subaias Einzug besuchen wir mit Corinna, Holger und unseren Kindern einen Indoorspielplatz. Subaia und Kim spielen stundenlang zusammen und wir Elternpaare beobachten gerührt unsere beiden Mädchen, die sich sichtlich einander annähern. Sie nehmen sich bei der Hand und erobern gemeinsam das spannende Umfeld. Simon und Holger begleiten die Kinder, klettern und rutschen, während Corinna und ich plaudern und die kinderfreie Zeit genießen. „Wir sind schon eine richtige kleine Großfamilie“, denke ich entspannt. Wir verbringen einen vergnügten Tag. Als wir uns am späten Nachmittag zu unseren Autos aufmachen, bleibt Subaia plötzlich zurück. Alle Zurufe helfen nichts. Ich gehe zu ihr, strecke meine Hand aus und sage: „Komm, mein Schatz. Es ist schon spät, wir müssen nach Hause. Dort können wir noch mit dir spielen.“ Subaia plumpst auf dem Parkplatz auf ihre vier Buchstaben und stemmt störrisch die Arme in die Hüften. Alles Zureden hilft nicht. Plötzlich sehe ich Holger auf uns zukommen. „Geh du mal zu eurem Auto“, sagt er. „Ich mach das schon.“ Ich gehe verdattert vor. Tatsächlich kommt er wenig später mit der völlig erstarrten Subaia auf dem Arm nach und hievt sie auf den Kindersitz in unserem Auto. Sie wirkt extrem eingeschüchtert und schaut uns aus großen, erschreckten Augen an. Simon fragt: „Was hast du Subaia denn gesagt?“ Und Holger erklärt voller Stolz: „Ich habe ihr gesagt, wenn sie jetzt nicht mitkommt, fahren wir einfach weiter und lassen sie alleine zurück.“ Ich bin entsetzt, sage aber nichts, um Holger nicht zu verärgern. Simon wirft mir einen vielsagenden Blick zu.

„Wie kann Holger Subaia auf diese Weise drohen? Er weiß doch, dass sie ein vernachlässigtes und misshandeltes Kind ist, das einerseits kein Vertrauen und andererseits große Verlustängste hat“, sage ich abends frustriert zu Simon.

Er zuckt mit der Schulter. „Er glaubt eben, es besser zu wissen. Wir sollten uns nur auf uns selbst verlassen.“ In den darauffolgenden Monaten reagiert Subaia abwehrend und ängstlich auf Holger. Er scheint das aber gar nicht zu bemerken.

Wir wissen um Subaias Vorgeschichte, unser Umfeld nicht. Das macht es uns mitunter noch schwerer, denn immer wieder fällt Subaia durch ihr Verhalten auf.

Auf einem Bauernmarkt beobachten Subaia und ich eine Muttersau beim Säugen ihrer kleinen Ferkel. Plötzlich fängt sie an, immer wieder Stroh vom Boden außerhalb des Käfigs aufzuklauben und es auf den Kopf der Mutterwutz zu werfen. Ich sage mehrfach: „Lass das bleiben. Die Schweinemama mag das nicht und außerdem stört sie das beim Säugen ihrer Babys. Wenn du so weitermachst, gehen wir.“ Da sie meine Einwände ignoriert, nehme ich sie fest an die Hand, um nach Hause zu gehen. Sie stemmt die Füße in den Boden und schreit. Nach ein paar Schritten reißt sich Subaia mit aller Kraft los und kriecht brüllend und auf allen Vieren zum Schweinekäfig zurück. Inzwischen hat sich eine Gruppe Schaulustiger zusammengefunden und beobachtet neugierig unser Treiben. Eine Frau tadelt: „Na, na, du bist doch schon so ein großes Mädchen.“ Schließlich nehme ich Subaia hoch, um sie wegzutragen. Sie schreit weiter wie am Spieß. Daraufhin stellt sich uns ein älterer Mann in den Weg und sagt: „Es ist ja offensichtlich, dass Sie mit Ihrem Kind nicht zurechtkommen. Sie sollten unbedingt Fachleute konsultieren!“ Ich murmele: „Sie haben doch keine Ahnung“, und trage mein tobendes Kind vom Platz. Außerhalb des Marktes bin ich mit meinen Nerven am Ende, setze mich auf einen Treppenabsatz und verdrücke vor Wut auf den Mann ein paar Tränen. Augenblicklich hört Subaia auf zu brüllen. Sie schaut mich verdattert an, streichelt meinen Arm und sagt: „Was ist denn Mama, du musst doch nicht weinen!“

Ein paar Tage später spreche ich mit einer befreundeten Psychologin über den Vorfall. Sie erklärt mir: „Subaia hat keine Bindung zu ihrer leiblichen Mutter und keine Nestwärme erfahren. Sie hat es nicht ertragen, dass die Muttersau die Kleinen säugt." Da ist wohl was dran, denke ich.

Es gibt viele Situationen dieser Art. Ich versuche, ruhig und konsequent zu reagieren, aber oft fordert mich Subaia bis in die letzte Faser meines Nervenkostüms. Wenn sie merkt, dass ich sauer werde, sagt sie: „Du musst mich schlagen, Mama." Darauf antworte ich immer das Gleiche: „Das werde ich niemals tun." Und sie schaut mich an und erwidert: „Doch." Nein, mein Schatz, das wird nicht passieren, denke ich im Stillen und nehme sie in die Arme. Dennoch stelle ich mir manchmal vor, wie es wäre, wenn mir die Hand ausrutscht. Ob Subaia mich dann noch weiter provozieren würde?

Unsere noch fremde Tochter entspricht exakt den Beschreibungen misshandelter Kinder in meinen Fachbüchern zum Thema Trauma, die ich inzwischen fast manisch anschaffe, um Erklärungen zu finden. Negative Aufmerksamkeit ist diesen Kindern lieber als gar keine. Außerdem ist sie ihnen vertraut.

Auch Subaias Distanzlosigkeit gegenüber Fremden hält an. Immer wieder stellen Simon und ich fest, dass wir trotz Subaias wachsender Bindung als Eltern austauschbar sind. Es schmerzt uns, dass Subaia mit jedem Fremden mitgehen würde, aber wir geben die Hoffnung nicht auf. In ihren ersten drei Lebensjahren konnte das kleine Mädchen keine echte Bindung aufbauen. Jetzt braucht sie ihre Zeit, um sich sicher zu werden, dass sie zu uns gehört.

Solange müssen wir aufpassen wie Schießhunde, dass unsere Tochter nicht plötzlich verschwindet. Insbesondere dunkelhäutige Männer haben es ihr angetan. Im Handumdrehen sitzt Subaia auf dem Schoß eines erstaunten fremdländischen Mannes und verteilt großzügig Küsschen. Dann haben wir viel Mühe, sie davon abzubringen. „Vermutlich sieht sie in ihnen ihren Vater", sage ich zu Simon.

Jeder Spielplatzbesuch fordert uns bis aufs Äußerste. Sobald Subaia einen Blick, ein Lächeln oder irgendeine Art der Zuwendung zu empfangen glaubt, weicht sie fremden Menschen nicht von der Seite und fasst sie an. Meistens fühlen sich Subaias „neue Freunde“ regelrecht geehrt, weil das kleine Mädchen so schnell Vertrauen zu ihnen fasst und reagieren unwirsch, wenn wir unsere Tochter wegholen wollen. „Lassen Sie sie doch“, hören wir dann wieder. Und Subaia plappert nach Herzenslust, kuschelt und gibt Küsschen wie ein mechanisches Püppchen. Lassen wir sie seufzend gewähren, weil uns immer wieder beteuert wurde, dass Subaia willkommen ist, merken die „besten neuen Freunde“ oftmals, dass das Kind aber auch dann nicht weggeht, wenn ein so enger Kontakt von ihnen aus nicht mehr erwünscht ist. Denn gerade bei ablehnender Haltung der Erwachsenen lässt sich Subaia erst recht nicht vom Bleiben abbringen. Im Gegenteil, dann wird sie richtig aufdringlich. Einmal verfolgt sie in der Kinderabteilung eines Kaufhauses sehr penetrant eine ältere Frau, obwohl diese dauernd sagt: „Geh weg!“ Ich flüchte mit der sich sträubenden Subaia im Schlepptau.

Simon und ich müssen lernen, mit solchen Situationen umzugehen. Wenn es uns gelingt, Subaia gegenüber Fremden eine Entschuldigung abzuringen, was frühestens beim dritten Anlauf passiert, glätten sich manchmal die Wogen. Hin und wieder fühlen wir uns jedoch genötigt, mit der Wahrheit herauszurücken und das Verhalten unseres Kindes zu erklären. Dann überwiegt das Entsetzen und Mitleid der Betroffenen den Ärger. Wenn ich ganz ehrlich bin, ist die schonungslose Aufklärung für mich manchmal die positivste Lösung. Denn es ist auch für mich nicht einfach, wenn ich wie eine unfähige oder asoziale Mutter behandelt werde.

Bei einem Telefonat mit Frau Schuster berichte ich von all unseren Schwierigkeiten und warte gespannt auf ihre Einschätzung. „In der ersten Zeit reagieren die Kinder überangepasst, aus der Angst heraus, dass die neuen Eltern sie vielleicht wieder abgeben könnten. Wenn sie sich sicherer fühlen, stecken sie ihre Grenzen ab. Subaia provoziert, um zu erfahren, ob Sie und andere Menschen rückhaltlos zu ihr stehen." Na prima, denke ich, dann ist Subaias Verhalten ja sozusagen ein Liebesbeweis.

„Überangepasst hat sie eigentlich nie reagiert", sage ich abends zu Simon, „aber ihre Verhaltensauffälligkeiten steigern sich. Immerhin hat Subaia keine Absencen mehr."

Er tätschelt meine Hand. „Weißt du noch, was wir in unseren Bewerbungsbogen zum Thema Schwierigkeiten bei der Eingewöhnung des Kindes geschrieben haben?"

Ich seufze: „Wir erwarten Verhaltensauffälligkeiten wie Bettnässen, Misstrauen, Angst, Aggression. Dass das Kind reagiert, weil es Angst hat, erneut verlassen zu werden."

Simon nimmt mich in den Arm: „Das gehört eben alles zu unserem Wunschkind."

Unser Wunschkind – ja. Ein kleines Mädchen, das bei uns endlich ein Zuhause finden soll. Immer wieder wird mir klar, wie sehr ihr das in ihrem bisherigen Leben gefehlt hat. Manchmal mit erschreckender Deutlichkeit.

Subaia bockt, spuckt, kratzt, haut und überschreitet permanent Grenzen. Ich schicke sie für drei Minuten in ihr Zimmer. Sie bleibt keine Minute, kommt immer wieder heraus. Als sie dann doch endlich im Zimmer bleibt, will ich sie lobend in den Arm nehmen, aber sie spuckt mir ins Gesicht. Ich bemühe mich, ruhig zu bleiben und breite meine Arme aus. „Ich bin sehr stolz auf dich, weil du auf mich gehört hast und in deinem Zimmer geblieben bist. Aber du bist immer noch sehr wütend. Ich möchte dir helfen, dich zu beruhigen." Das wirkt endlich. Ich halte sie fest im Arm, sehe ihr in die Augen und frage: „Was war denn überhaupt los? Was kann ich machen, wenn du dich gar nicht beruhigen willst?"

„Die Babymama hat mich immer gehauen."

„Aber ich will und werde dich nicht hauen. Auch die Babymama durfte das nicht. Dass sie dich geschlagen hat, ist nicht deine Schuld."

„Doch."

„Nein, niemand darf schlagen. Du hast nichts falsch gemacht."

Sie sieht mich prüfend an. „Ich habe Angst, dass die Babymama uns besucht."

Ich zucke zusammen. Wie kommt sie denn jetzt auf diese Idee? Möchte Subaia ihre Mutter wirklich nicht sehen – oder eben doch und sie traut sich nicht, es mir zu sagen? Ich hole tief Luft: „Deine Babymama kann gar nicht kommen, weil sie unsere Adresse nicht hat. Wenn du größer bist, kannst du entscheiden, ob du sie sehen willst. Weder die Babymama noch ich können das entscheiden."

Subaia runzelt ihre Kinderstirn: „Aber du entscheidest das doch."

Ich schüttele den Kopf. „Nur Frau Schuster hat die Adressen von der Babymama und von uns. Wenn du 16 Jahre alt bist und die Babymama sehen willst, wird sie dir helfen. Und wir unterstützen dich auch dabei."

Subaia legt ihr Nase in Falten und sagt nachdenklich: „Wir können die Babymama ja später mal im Café treffen."

Vier Monate nach ihrem Einzug beginnt Subaia eine Spieltherapie. Ihre Kindertherapeutin, Frau Burkhardt, ist eine sympathische Mittfünfzigerin und wirkt, als könne sie so schnell nichts aus der Ruhe bringen. Subaia möchte am Anfang nicht ohne meine Begleitung bei ihr bleiben, schiebt mich aber nach wenigen Sitzungen eigenhändig aus der Praxistür. Regelmäßig gehen Simon und ich zu Elterngesprächen. „Ihre Adoptionspflegetochter ist ein ganz außergewöhnliches und interessantes Mädchen, aber Sie werden noch eine Menge absonderliche Reaktionen erleben und eine Menge Geduld brauchen", prophezeit uns Frau Burkhardt. Absonderliche Reaktionen waren auch der Grund dafür, dass wir die Therapie begonnen hatten. Seit sie nicht mehr im Heim auf die kleinen Kindertoiletten gehen konnte, hatte Subaia auf einmal furchtbare Angst vor dem Gang aufs Klo. Sie weinte und zitterte am ganzen Körper, wenn wir versuchten, sie auf die Brille zu setzen. Auch ein Kindersitz und ein kleiner Hocker konnten keine Abhilfe schaffen. Auf unser gutes Zureden hin schrie sie oft: „Die Babymama hat mich mit dem Kopf ins Klo geschubst, gehauen und dann abgespült!"

Insgesamt wird es sechs Monate dauern, bis Subaia zu Hause nicht mehr schreit und alles in allem zwei Jahre, bis sie auch im Zug oder Flugzeug unbelastet die Toilettenräume betreten kann.

Was Frau Burkhardt ansonsten mit Absonderlichkeiten gemeint haben könnte erfahre ich, als Subaia und ich an einem Nachmittag im Café Kuchen essen. Sie beäugt schon seit geraumer Zeit eine blonde und eine brünette junge Frau, die am Nebentisch sitzen. Nachdem die beiden gezahlt haben und aufstehen, springt Subaia auf, läuft blitzschnell auf die Frauen zu und greift der Braunhaarigen heftig zwischen die Beine. „Huch", sagt sie und schubst das Kind von sich. Ich bin ebenso wie die jungen Frauen geschockt, stehe abrupt auf und entschuldige Subaias Verhalten wortreich. „Schon gut", winkt die Brünette ab. „Es ist ja nichts weiter passiert." Bereits zuvor ist uns aufgefallen, dass Subaia häufig sehr sexualisiert reagiert. „Warum macht sie so etwas?", frage ich Simon verzweifelt. Er ist ebenso hilflos wie ich. Aus den Unterlagen der gerichtsmedizinischen Untersuchungen wissen wir, dass Subaia misshandelt, aber nicht penetriert wurde. „Missbrauch hat viele Gesichter. Offenbar hat sie etwas erlebt oder gesehen. Was es war, werden wir vermutlich nie erfahren", sagt Simon mit düsterer Stimme.

Die Probleme reißen nicht ab: Subaia nimmt so ziemlich alles in den Mund, was zu Hause, auf der Straße oder in der Natur zu finden ist. Dazu gehören nicht nur Spielzeug, Stöcke und Pflanzen, sondern auch Zigarettenkippen und andere gefährliche Dinge. Subaia schleckt ihre Schuhsohlen ab. Außerdem zeigt sie eine Neigung, sich selbst zu verletzen. Sie versucht sich mit Gabeln zu pieken und mit Messern zu ritzen. „Sie ist fast vier Jahre alt, den Umgang mit Messer und Gabel muss sie lernen", sagt Simon. Eines Tages erwische ich sie dabei, wie sie ein Trinkglas zerbeißt. Ich packe sie, zupfe ihr in Windeseile die Scherben aus dem Mund und untersuche sie eingehend. Ich atme auf. Sie ist nicht verletzt. Trotzdem bin ich erschüttert. „Was machst du denn für einen Unsinn?", frage ich Subaia, während ich sie in den Armen halte. Sie grinst. Zwei Tage später wiederholt sich das Spiel, glücklicherweise mit demselben Ausgang.

Ich überwache sie, untersage ihr dennoch nicht den Umgang mit Gabel, Messer und Glas und schon gar nicht unsere Ausflüge. „Einsperren kann ich sie nicht", sage ich zu Simon. „Irgendwann wird sie verstehen, was das Wort Nein zu bedeuten hat." Innerhalb unserer Wohnung habe ich Subaia sowieso ganz gut im Blick, weil sie unentwegt an meinem Rockzipfel hängt und sich keine Minute alleine beschäftigt. Aber jeder Gang nach draußen wird zum Spießrutenlauf. Ich kann mich des Eindrucks nicht erwehren, dass Subaia häufig sehr wohl weiß, dass sie sich in Gefahr bringt und lauernd meine Reaktionen beobachtet. Manchmal scheint sie sich der Gefahren aber tatsächlich nicht bewusst zu sein und schiebt sich gedankenverloren wie eine Einjährige irgendetwas in den Mund. „Vermutlich hatte Subaia in ihren ersten Lebensjahren kaum Spielzeug und keine Möglichkeit, die Außenwelt zu erkunden", äußert Frau Burkhardt, als ich sie darauf anspreche. Sie probiert sich tatsächlich aus wie ein viel jüngeres Kleinkind, überlege ich. Immer wieder erstaunt es uns, dass Subaia nicht weint, wenn sie sich verletzt. Selbst wenn sie sich nach einem Sturz die Knie blutig stößt, kommen keine Tränen. Subaia scheint keinen Schmerz zu spüren. Es dauert Jahre, bis sie auf körperliche Schmerzen reagiert und sich trösten lässt.

Simon und mir wird immer klarer, wie stark entwicklungsverzögert Subaia tatsächlich ist. Wir kümmern uns um eine Frühförderung und werden schnell fündig. Ein halbes Jahr, nachdem Subaia bei uns eingezogen ist, kommt Frau Breuer von der Frühförderstelle zu uns. Mit viel Enthusiasmus stürzt sich die erfahrene Pädagogin einmal pro Woche in die frühkindliche Betreuung unserer Tochter. Ähnlich wie bei den ersten Terminen bei der Kindertherapeutin fremdelt Subaia zu Beginn, was mich gleichzeitig erstaunt und glücklich stimmt. Draußen wirft sich unsere Tochter jedem Fremden an den Hals. Wenn es aber für uns darauf ankommt, dass sie Kontakt aufnimmt, weicht sie mir nicht von der Seite und braucht einige Zeit, sich an Menschen zu gewöhnen, von denen wir Unterstützung erwarten. Ich brauche lange, um zu verstehen, dass genau dort der Unterschied liegt. Als Frau Breuer zum ersten Mal zu Besuch ist, kann sich Subaia bereits sehr gut artikulieren. Sie hat enorm mit ihrem Wortschatz aufgeholt und überrascht Simon und mich immer wieder durch ihr reichhaltiges und mitunter wirklich anspruchsvolles Vokabular. „Das ist euer Einfluss, da könnt ihr mal sehen, wie gestochen ihr redet", witzeln Corinna und Holger.

Wenn Frau Breuer am Mittwochmorgen erscheint, gibt es erst einmal einen Kaffee oder Tee für sie und dann zieht sie sich mit Subaia ins Kinderzimmer zurück. Ein paar Monate nach Beginn der Frühförderung nimmt mich Frau Breuer zur Seite und fragt: „Ist Ihre Tochter schon in der Lage, Fünf-Wort-Sätze zu sprechen?" Ich bin über diese Frage sehr erstaunt und grüble: Was soll das denn bedeuten? Denn Subaia ist zu diesem Zeitpunkt längst in der Lage, Sätze zu äußern wie: „Ich wäre heute lieber nicht zur Frühförderung gegangen, wenn ich stattdessen mit meinem Freund hätte spielen können." Wie sich dann nach einem Gespräch unter vier Augen mit Frau Breuer herausstellte, hat es Subaia monatelang erfolgreich vermieden, mit ihr zu sprechen. Sie hat sich auf Frau Breuers Spielanleitungen eingelassen und, wenn überhaupt, mit einem Kopfnicken oder in Babysprache geantwortet.

„Subaia kam ins Krankenhaus und wurde von Ärzten und Psychologen begutachtet. Anschließend kam sie ins Kinderheim und dann zu Ihnen. Für sie führten Begutachtungen immer zu einer Veränderung ihrer Lebenssituation", erklärt uns Frau Burkhardt.

„Also schützt sie sich dementsprechend vor Veränderungen, die sie ja nicht überschauen kann, indem sie gar nichts mehr von sich preisgibt“, überlegt Simon laut.

„Das kann aber auch heißen, dass sie jetzt nichts von sich preisgibt, weil sie Angst hat, dass ihr Aufenthalt bei uns nicht von Dauer ist“, sage ich gerührt.

„Genau“, antwortet Subaias Kindertherapeutin lächelnd. „Sie kennen Ihre Tochter schon sehr gut.“

Unsere Tochter, denke ich, das hört sich immer noch merkwürdig an. Aber es ist Realität. Wir stehen zu ihr. Das werden wir auch Subaia beweisen.

Allen Schwierigkeiten zum Trotz wachsen wir immer mehr zu einer Familie zusammen. Simon und mir geht das Herz auf, wenn unsere Tochter uns ihre Kinderbilder zum Geschenk macht. Eins der Werke, auf dem Mama, Papa und Kind verewigt sind, lassen wir einschweißen, damit es keinen Schaden nimmt. Es ziert bis heute unsere Wohnungstür.

Am Wochenende kriecht Subaia morgens in unser Bett und es wird ausgiebig geschmust. „Ich bin so froh, dass ich bei euch bin“, sagt unser Kind dann häufig. Über solche Sätze vergessen wir die weniger guten Momente.

Ina

Kurz darauf ist ein Treffen mit Subaias damals sechsjähriger Schwester Ina im Jugendamt geplant. „Frau Kunze, die Familienhelferin, wird das Mädchen begleiten", hat uns Frau Schuster eröffnet. Auch Subaias Vormund, Herr Richter, hat sein Erscheinen angekündigt. Subaia hat zuvor häufig nach Ina gefragt und freut sich jetzt wie eine Schneekönigin, als wir ihr von dem Treffen erzählen.

Simon und ich haben gemischte Gefühle. Wie wird uns Ina begegnen? Für sie sind wir völlig fremde Menschen. Vielleicht glaubt sie oder hört sogar von ihrer Mutter, dass wir ihr die Schwester genommen haben. Vielleicht möchte Subaia dann gar nicht bei uns bleiben, sondern mit Ina „nach Hause" gehen.

Jedenfalls sind wir alle drei mächtig aufgeregt, als wir im Jugendamt eintreffen. Bereits im Flur kommt uns Ina freudestrahlend entgegen. Sie hat dunkle, glatte, mittellange Haare und sieht Subaia nicht wirklich ähnlich. Aber auch sie ist ein süßes Mädchen, stelle ich gerührt fest. „Hallo Ina, schön dich zu sehen", sage ich.

Entgegen unseren Erwartungen stürmt Subaia aber nicht auf ihre Schwester zu, sondern klammert sich plötzlich an meine Hand, weicht sogar zurück und wirkt mit einem Mal ganz eingeschüchtert. Ina sieht Subaia erstaunt an, dreht sich dann auf dem Absatz um und verschwindet im Spielzimmer des Jugendamts. Ich werfe Simon ebenfalls einen verblüfften Blick zu, er zuckt mit den Schultern. Dann ziehe ich Subaia sanft hinter mir her und wir folgen Ina. In dem Raum erwarten uns schon Frau Schuster, Herr Richter und Frau Kunze. Wir Erwachsenen sitzen an einem Tisch, unterhalten uns leise und beobachten wie Ina versucht, familiären Kontakt zu knüpfen. Subaia steht erst völlig verloren im Raum und marschiert dann brabbelnd wie eine Einjährige und mit unsicheren Schritten auf eine Spielzeugkiste los. Von ihrer Schwester nimmt sie keine erkennbare Notiz. Ina hingegen geht geradewegs auf Subaia zu:

„Hast du mich vermisst? Willst du nicht die Mama sehen? Hast du von mir geträumt?"

Keine Reaktion. Subaia brabbelt und spielt vor sich hin. Ina wirkt verdutzt. Dann beschließt sie offenbar, dass ihre Schwester einfach zu klein ist, um Antworten zu geben. Sie wendet sich an Simon und mich: „Warum muss die bei euch sein? Wie heißt die jetzt mit Nachnamen? Wie heißt ihr Kindergarten? In welcher Straße ist der?" Oh Gott, sie ist im Auftrag ihrer Mutter hier, denke ich entsetzt. Auch Simon ist wie erstarrt. Wir bleiben jede Antwort schuldig.

Frau Schuster sieht uns beschwörend an. Herr Richter und Frau Kunze werfen sich vielsagende Blicke zu. Subaia brabbelt.

„Spiel doch ein bisschen mit deiner Schwester", schlägt Frau Kunze äußerlich unbeteiligt vor. In der Zwischenzeit hat sich Subaia aber eingenässt. Ich stehe auf, greife nach meiner Kinder-Notfalltasche, nehme sie hoch, bette sie auf einen Wickeltisch und ziehe ihr frische Kleidung an. Derweil steht Ina neben uns und streichelt Subaias Arm. „Das ist ganz schlimm, dass dein Papa dich geschlagen hat." Sie deutet auf mich. „Wen hast du lieber – die oder mich?" Subaia kauderwelscht weiterhin in Babysprache und hält immer wieder meine Finger fest. Ich hebe sie vom Wickeltisch und sie trottet zu einem Puppenhaus in einer Ecke des Spielzimmers. Ina seufzt und gesellt sich dann zu ihr. Beide Mädchen spielen einträchtig, ohne ein Wort zu wechseln.

Zwei Stunden vergehen. Wir Erwachsenen unterhalten uns leise und beobachten die Kinder. Frau Kunze steht schließlich auf und ruft Ina zu sich: „Es ist Zeit, ich bringe dich jetzt zu deiner Mama. Sag deiner kleinen Schwester Tschüss."

Ich bin erleichtert. Ina hat nicht mehr versucht, Subaia zu manipulieren. Ins allgemeine Abschiedsgeplänkel hinein wendet sich Subaia plötzlich durchaus sprachgewandt an ihre Schwester: „Kannst du für mich sorgen, Ina?"

Mir bleibt fast das Herz stehen. Alle am Tisch schauen betroffen. Diesen Satz hört Ina allerdings nicht. An der Hand von Frau

Kunze verlässt sie den Raum, wendet sich noch mal kurz um und sagt: „Ich gebe der Mama einen Kuss von dir." Und Subaia ruft ihr hinterher: „Viele Grüße an deine Mama!"

Im Anschluss an das Treffen ist Subaia extrem unausgeglichen und nässt sich häufig ein, was mehrere Wochen anhält. Vom Kinderheim wissen wir, dass Subaia während ihres Aufenthalts nach Inas Besuchen immer gut aufgelegt war und keine negativen Reaktionen zeigte.

„Damals hatte Subaia aber auch noch nicht uns als Eltern und Ina war ihre einzige Besucherin", sagt Simon.

Wir sind uns einig, dass wir den Schwestern eigentlich nicht den Kontakt verwehren wollen und haben dennoch Angst vor weiteren Treffen.

Ich telefoniere Rat suchend mit Frau Schuster. „Ich habe bereits mit Herrn Richter und Frau Kunze gesprochen", sagt sie. „Wir sind der Meinung, dass wir erst einmal von Kontakten zwischen Subaia und Ina Abstand nehmen sollten, um Subaia nicht zu retraumatisieren. Bei dem Treffen war ja spürbar, dass die Kleine einen Loyalitätskonflikt hatte. Sie liebt ihre Schwester und auch Sie als Adoptionspflegeeltern. Für uns war es sehr interessant zu erleben, dass Subaia offenbar ihre leibliche Mutter wirklich nicht sehen will."

„Das hat mich bei der Begegnung der Schwestern am meisten erschüttert", sage ich. „Glauben Sie, dass Subaia sich in unserer Anwesenheit nicht getraut hat, ihre Mutter zu vermissen?"

„Ich glaube, dass zu viel in der Familie passiert ist", antwortet Frau Schuster.

Als Simon am Abend nach Hause kommt, erzähle ich ihm von dem Telefonat. Er nimmt mich in die Arme: „Obwohl man das eigentlich gar nicht sagen darf, freue ich mich, dass Subaia nicht nach ihrer Mama gefragt hat, weil sie ja offensichtlich gerne bei uns ist."

Nach dem Treffen fragt Subaia lange Zeit nicht nach ihrer Schwester. Nach ihrem leiblichen Vater hingegen immer wieder.

Dann nehmen Simon oder ich sie in den Arm und sagen: „Leider wissen wir nicht, wo dein Babypapa ist. Auch Frau Schuster kann es uns nicht sagen. Er hatte keine Papiere, um hier in Deutschland zu bleiben, und ist vermutlich in ein anderes Land gegangen. Deshalb kennen wir seine Adresse nicht. Aber wir sind sicher, dass er ganz viel an dich denkt und sich freut, dass es dir gut geht."

Wir schreiben immer wieder über das Jugendamt an Subaias leibliche Mutter, berichten von der Entwicklung ihrer Tochter und fragen nach einem Foto des Vaters. „Auch von Ihnen hätten wir gerne aktuelle Fotos, ebenso von Subaias Schwestern", bitten wir in unseren Briefen. „Und Babyfotos von Subaia wären auch ganz prima, damit wir für sie ein Familienalbum mit Ihnen allen anlegen können. Es wäre schön für Subaia, sich ein Bild machen zu können." Eine Antwort bleibt aus.

Ein Foto der Mutter und der Schwestern samt Oma hat Subaia aus dem Kinderheim mitgebracht. Wir haben es mit unseren ersten Fotos, den Bildern der neuen Großeltern sowie großen und kleinen Freunden in ein Album geklebt. Hin und wieder holt Subaia das Album heraus und sieht sich das Foto der Mutter an. Meistens ist das der Fall, wenn wir Gäste haben. Wenn die Besucher fragen, wer die junge Frau auf dem Foto ist, sagt Subaia: „Das ist die blöde Babymama."

Sie kokettiert mit ihrer Geschichte, denke ich dann betroffen. Vielleicht braucht sie das, um den Abstand zu wahren. Vermisst sie nicht die Frau, die sie geboren hat? Wie sehr zurückgestoßen muss sich Subaia fühlen, um sich so negativ zu äußern. Ich würde gerne mehr verstehen, aber weder Subaia noch ihre Mutter könnten mir meine Fragen beantworten. Ganz abgesehen davon, dass ich beide nicht befragen kann.

Kurz darauf beginnt Subaia noch regelmäßiger zu erzählen, dass ihre Babymama sie geschlagen hat. Manchmal sagt sie: „Der Babypapa hat mich gehauen, weil ich böse war." Häufiger ist aber von der Mutter die Rede. Wir werden nicht müde, Subaia zu erklären, dass die Babymama nicht in der Lage war, für sie zu sorgen, weil sie selbst eine schlimme Kindheit hatte und nicht gelernt hat, mit Kindern umzugehen. „Dass du geschlagen wurdest, ist nicht deine Schuld", sagen wir. Dann sieht sie uns wieder prüfend aus ihren braunen Augen an und sagt: „Doch!"

Als wir an einem Sonntagmorgen im Bett kuscheln, ist das erneut Thema. „Nein, du bist nicht schuld", sage ich und schließe die Arme um mein verzweifeltes, störrisches kleines Mädchen. „Niemand wird dich jemals wieder schlagen. Wir passen auf dich auf."

„Ich möchte aber aus deinem Bauch gekommen sein", sagt Subaia.

Ich drücke sie fest an mich: „Das verstehe ich, meine Süße. Aber weißt du, was wirklich toll ist? Normalerweise kann sich ein Kind seine Eltern nicht aussuchen. Du hast uns aber selbst ausgesucht und darüber sind wir sehr glücklich. Für mich bist du das Kind, das ich immer wollte. Ich habe dir ja schon erzählt, dass mein Bauch krank war und deshalb kein Baby darin wachsen konnte. Dafür haben wir dann ja dich gekriegt. Und jetzt ab unter die Decke."

Unsere Tochter hat kurz nach ihrer Ankunft ein Spiel entwickelt, das ihr große Freude macht. Sie krabbelt unter der Decke auf meinen Bauch, rutscht dann nach oben und wird von mir und Simon mit Begeisterung empfangen. Subaia ist neu geboren. „Schön, dass du endlich da bist", sage ich und wiege sie wie ein Baby.

„Wieso kann in deinem Bauch kein Baby wachsen?", fragt unsere Tochter und nuckelt an ihrem Daumen. „Der ist doch so dick. Da passen garantiert sogar zwei Babys rein."

Simon lacht und ich seufze mit schiefem Grinsen.

„Glaubst du, dass Subaia immer traurig darüber sein wird, nicht unser leibliches Kind zu sein?", frage ich Simon am Abend.

„Vielleicht schon. Aber ich glaube, wir können ihr das Gefühl vermitteln, dass sie im positiven Sinn etwas Besonderes ist. Das hast du heute Morgen doch auch schon ganz prima hingekriegt", erwidert er und lächelt. Ich lächele zurück.

Einige Zeit später erzählt Subaia einer Spielkameradin stolz: „Ich habe Mama und Papa selbst ausgesucht und eigentlich habe ich sogar vier Eltern!“ Obwohl ich mich über ihre Aussage freue, bleibt ein schales Unwohlsein in mir zurück. Wieder denke ich: Eigentlich muss Subaia doch Sehnsucht nach ihren leiblichen Eltern haben. Was wird in der Pubertät passieren? Dann sind die erziehenden Eltern üblicherweise abgeschrieben. Wird Subaia nach ihren Wurzeln suchen? Mit 16 Jahren hat sie ein Anrecht darauf, beim Jugendamt die Adresse ihrer leiblichen Mutter zu erfragen, darauf hat uns Frau Schuster hingewiesen. Was passiert, wenn ihre Mutter Subaia erzählt, sie sei unschuldig, der Vater sei der Täter? Subaia sei ihr gegen ihren Willen weggenommen worden. Sie habe ihr Kind immer geliebt. Was dann? Wird uns Subaia weiterhin als ihre Eltern akzeptieren? Als ich Simon von meinen Ängsten berichte, sagt er: „Bis dahin ist es noch eine lange Zeit. Mach dir jetzt keinen Kopf darum sondern konzentriere dich auf die Gegenwart.“ Ich wünschte, ich hätte seine Gelassenheit ...

Hochzeit

Kurz vor Subaias viertem Geburtstag werden Simon und ich in einem wunderschönen Schloss standesamtlich getraut. Unsere Hochzeitseinladung ziert ein Foto, auf dem wir drei die Köpfe aneinander lehnen und der Satz: „Wir sind komplett (+) glücklich!" Viele unserer Gäste kennen unsere Tochter bis zu diesem Zeitpunkt noch gar nicht, dementsprechend ist die Aufregung vor dem großen Ereignis auf allen Seiten groß.

Die Videoaufnahmen zeigen ein strahlendes, aber leicht angespanntes Brautpaar während der Zeremonie im Standesamt. Und unser kleines Mädchen flitzt im Hintergrund ständig von links nach rechts und umgekehrt, um alle zu begrüßen, die sie bereits kennengelernt hat. Holger ist mein Trauzeuge und überreicht unsere Eheringe. Ein Höhepunkt der Trauung ist, als Simon und ich auch Subaia einen Ring anstecken. „Jetzt sind wir eine verheiratete Familie", sagt Subaia stolz.

Simon weint vor Rührung. Ich bemühe mich, keine Tränen fließen zu lassen, sonst ist mein schönes Augen-Make-Up hinüber. Gemeinsam mit Kim und unserem Nachbarskind Elsa streut Subaia nach der Zeremonie auf der Schlosstreppe Rosenknospen – und sammelt sie anschließend alle wieder sorgfältig ein. „Nun ja, ihr habt sie schließlich auch bezahlt", sagt Simons Schwester lachend.

Mit unseren 120 Gästen feiern wir im Schloss-Restaurant ein rauschendes Fest. Viele meiner Künstlerkollegen sind gekommen. Mit großen Augen sitzt Subaia auf Simons Schoß und bestaunt die Musik- und Theateraufführungen. Ich beobachte heimlich meinen Mann und mein Kind. Seit Subaias Ankunft sind wir eine Familie; Simon und ich wurden zum Eltern- und jetzt zum Ehepaar. In diesem Moment fällt die ganze Anspannung der letzten Monate von mir ab, ich fühle mich zutiefst gerührt und überglücklich. Wir sind hier und feiern mit Menschen, die uns wichtig sind, unsere Vereinigung als Dreiergespann. Meine Gedanken schweifen zurück zu den vergangenen Monaten, zu dem Anfang dieser Geschichte. Simon und ich sind schnell zusammengekommen und zusammengezogen. Der Weg zu unserem gemeinsamen Kind vollzog sich ebenfalls in rasantem Tempo. Simon war für mich immer ein verlässlicher und liebenswerter Mensch. Doch zuvor gingen wir unsere eigenen Wege und waren eins, wenn wir zusammen waren. Als Papa sehe ich ihn mit anderen Augen: Unsere Elternbeziehung bietet mehr Angriffsfläche, aber auch mehr Tiefe. Ich beobachte meinen Mann und weiß inzwischen viel mehr von seinen Erwartungen, seiner verhaltenen Art und seinen Ängsten. Ich bin eine Draufgängerin und oft ziemlich unreflektiert, mehr den Augenblick lebend. Simon ist meine Stütze und mein Ausgleich – und ich hoffentlich der seine, auch mit meinem vorpreschenden Temperament.

In diesem Moment drehen Subaia und Simon ihre Köpfe zu mir und lachen mich an. Mir geht das Herz auf: Simon ist Subaias Papa, mit seiner ganzen Seele. Wir schaffen das, komme was wolle ...

An diesem Abend wird Subaia schnell müde. So viele neue Menschen, so viele neue Eindrücke. Glücklicherweise hat sich ein befreundetes Paar bereit erklärt, unsere Tochter am späteren Abend ins Hotel mitzunehmen, sie ins Bett zu bringen und bei ihr zu wachen. „Das ist unser Hochzeitsgeschenk an euch“, haben Ines und Laurenz erklärt. Also können mein frisch gebackener Ehemann und ich unser Hochzeitsfest in vollen Zügen genießen.

Nach einiger Zeit kann sich Subaia kaum noch auf den Beinen halten. „Wir kommen später nach“, flüstere ich meinem kleinen Mädchen ins Ohr und küsse sie auf die Nasenspitze. Subaia ist so müde, dass sie gar nicht mitbekommt, wie Ines und Laurenz sie wegtragen. Als wir am frühen Morgen in unserem Hotelzimmer eintreffen und Ines ablösen, schläft unser Kind selig. „Die meisten

Paare heiraten ja, weil ein Kind im Anmarsch ist. Wir haben es getan, damit Subaia bleiben darf. Aber so oder so – es fühlt sich gut an“, murmle ich glücklich, als ich mich in Simons Arme kuschele.

Kindergarten

„Wir denken, dass es bald Zeit wird, einen Kindergarten zu suchen", sage ich nach der Hochzeit zu Frau Burkhardt. „Was meinen Sie?"

„Das finde ich sehr gut, Subaia braucht den regelmäßigen Kontakt mit anderen Kindern, um kognitives Verhalten zu lernen", sagt Frau Burkhardt. „Außerdem wird sie bald vier Jahre alt. Sie müssen sie langsam auf die Schule vorbereiten."

Ich mache mich also auf die Suche nach einer geeigneten Einrichtung. In unserem Wohnviertel gibt es einen integrativen Kinderladen. Integrativ hört sich prima an. Dort wird unsere Tochter bestimmt gut aufgefangen. Ich werde zum Gespräch mit der Leiterin, Frau Reiz, eingeladen und erkläre unsere Situation. Subaias Verhaltensauffälligkeiten sind vielschichtig. Es ist besser offen damit umzugehen, damit sich auch die Betreuer auf unsere Tochter einstellen können, haben Simon und ich beschlossen.

Frau Reiz reagiert sehr positiv. „Wir haben fünf Integrationsplätze und damit den Anspruch auf eine zusätzliche Kraft", sagt sie munter. „So ein Platz wäre doch etwas für Subaia." Ich denke nach. „Wissen Sie", antworte ich dann, „unsere Tochter ist zwar traumatisiert, aber nicht körperlich oder geistig behindert. Wir wünschen uns, dass sie normal aufwächst, nicht gleich in Schubladen gerät. Hätte Subaia bereits jetzt einen Integrationsplatz im Kinderladen, wäre es mit Sicherheit schwieriger, sie an einer Regelschule unterzubringen." Bei Bekannten, deren Tochter ebenfalls ein Frühchen war, haben wir erlebt, dass ihr Kind, das mit Integrationsplatz im Kindergarten war, nur auf eine Regelschule mit Integrationsstatus wechseln durfte. Da es in den Regelschulen nur begrenzt integrative Plätze gibt, bedeutete die Alternative eine Förderschule.

Einmal I-Kind, immer I-Kind, haben unsere Freunde frustriert berichtet.

Frau Reiz lächelt mich an. „Kommen Sie doch erst einmal mit ihrer Tochter zum Hospitieren", sagt sie.

Subaia und ich verbringen also einen Vormittag im integrativen Kinderladen. Ein kleines Mädchen nimmt sie gleich nach unserer Ankunft an die Hand und führt sie in Richtung Puppenecke. Subaia dreht sich noch einmal nach mir um und schenkt mir ein stolzes Lächeln. Ich entspanne mich und denke glücklich: Mein kleines Mädchen könnte hier an der neuen Herausforderung wachsen und gedeihen.

Mit uns hospitiert eine andere Mutter mit ihrem Sohn Aaron, der so alt ist wie Subaia. Die Familie wohnt eine Straße weiter. Ich freue mich: Wenn unser Kind einen Platz bekommt, hat sie einen Spielkameraden in nächster Nähe und ich vielleicht eine neue Vertraute, denn Aarons Mutter wirkt äußerst sympathisch. Mit großem Interesse hört sie mir zu, als ich vertrauensvoll berichte, dass ich erst seit einem halben Jahr Mama bin, wie Subaia zu uns kam und was unserer Tochter zuvor passiert ist.

Zwei Wochen später bekommen wir telefonisch die Zusage für einen Kinderladenplatz. Frohgemut mache ich mich mit Subaia auf, um den Vertrag zu unterschreiben. „Schon im nächsten Monat wirst du ein Kinderladenkind sein", erzähle ich meiner erwartungsvollen Tochter auf dem Weg.

„Dann bin ich ja schon ganz groß", jubiliert Subaia und nimmt mich fest an die Hand. Mein kleines schielendes Mädchen trägt ein Augenpflaster. Sie kann zwar normal sehen, aber Besuche bei einer Orthoptistin haben ergeben, dass Subaia später operiert werden kann, wenn sie ein paar Monate lang abwechselnd ein Pflaster trägt.

Im Kinderladen ist Subaia in null Komma nichts verschwunden und schließt sich der Kindergruppe an. Gleich nach unserer Ankunft wird auch die Kinderladenleiterin abtrünnig. Sie murmelt: „Ich muss mal gerade etwas mit meinem Vorgesetzten besprechen" und verschwindet im Büro. Ich bin etwas erstaunt, denke mir aber nichts weiter dabei und gehe in den Besprechungsraum. Dort wartet Aarons Mutter. Sie ist keineswegs verlegen.

„Gut, dass Sie jetzt kommen und ich selbst mit ihnen sprechen kann", sagt sie. „Als ich erfuhr, dass Sie für Ihre Tochter ebenfalls eine Zusage haben, war ich geschockt. Sie haben mir ja von Subaias Verhaltensauffälligkeiten erzählt. Jetzt hat sie, wie unser Sohn, die Zusage auf einen normalen Platz. Das finden mein Mann und ich nicht in Ordnung, denn damit wäre Subaia ja quasi ein sechstes Integrationskind, aber ohne besondere Betreuung. Unser Sohn ist aber völlig normal entwickelt. Das wollen wir ihm nicht zumuten. Genau das habe ich gerade Frau Reiz gesagt und sie ist ins Büro gegangen, um sich mit ihrem Arbeitgeber zu besprechen. Außerdem ist Ihre Tochter ja ganz offensichtlich sehbehindert und braucht allein deswegen eine spezielle Betreuung."

Ich muss ihre Aussage erst einmal sacken lassen und frage dann indigniert: „Aber Ihnen ist schon klar, dass es sich um eine integrative Einrichtung handelt? Warum haben Sie denn Aaron überhaupt hier angemeldet?"

„Weil der Betreuerschlüssel wegen der Integrationskinder so hoch ist", erwidert Aarons Mutter achselzuckend.

Glücklicherweise kommt kurz darauf die Kinderladenleiterin zurück und eröffnet Aarons Mutter: „Sie haben sich ebenso wie Subaias Mutter um einen Platz beworben. Ihnen beiden haben wir unsere Einwilligung erteilt. Jetzt ist es an Ihnen, sich für oder gegen unsere Betreuung für Ihren Sohn zu entscheiden." Am liebsten würde ich Frau Reiz um den Hals fallen.

Unsere Tochter entwickelt sich im Kinderladen zusehends. Sie bastelt und knetet gerne, bleibt aber meistens nicht lange bei der Sache. „Puzzeln ist so gar nicht ihr Fall. Dafür fehlt Subaia die Konzentration", erzählen die Erzieherinnen im Kinderladen. Insgesamt ist sie etwas ruhiger geworden, überschreitet aber nach wie vor Grenzen, um uns oder die Erzieherinnen im Kinderladen auszutesten. Durch die Frühförderung, durchs Turnen und Schwimmen hat sich Subaia motorisch gut weiterentwickelt. Außerdem isst sie jetzt normal, schaufelt nicht mehr das Essen mit beiden Händen in sich hinein. Allerdings nimmt unsere Tochter noch häufig Ungenießbares in den Mund. Die Erzieherinnen im Kinderladen haben immer wieder alle Hände voll zu tun, Perlen oder Puzzleteile aus Subaias Mund zu klauben. Sie freut sich diebisch, wenn sie ihre Betreuerinnen überlisten kann.

Das wird jedoch immer schwieriger, weil ihre Spielkameraden inzwischen melden, wenn sich Subaia etwas in den Mund steckt. Nur zwei Integrationskinderkinder petzen nie: Johanna, ein Mädchen mit einer seltenen Autoimmunerkrankung und Lino, ein Junge mit Down-Syndrom. Sie werden Subaias beste Freunde und die drei hecken so manchen Streich aus. „Unser teuflisches Trio", seufzen die Erzieherinnen.

Unser Mitgefühl hält sich in Grenzen, denn wir sind heilfroh, dass unsere Tochter endlich Freunde gefunden hat.

Und auch Simon und ich haben somit Elternkontakt: Mit Linos Mutter Dana und Johannas Vater Achim verbringen wir viel Zeit. Das hat auch den Vorteil, dass sich beide nie über unsere unangepasste Tochter beschweren, sie haben selbst zwei kleine Rabauken.

Subaia geht gerne in ihren Kinderladen. Ich habe mehr Zeit für mich und kann wieder häufiger mit meinen Chanson-Programmen auftreten. Das stimmt mich glücklich und auch meine Band: Mama und Musiker verdienen wieder gemeinschaftlich Geld und lassen sich auch noch für ihre Leistung beklatschen. Beides hat mir gefehlt, stelle ich jetzt fest. Und Simon freut sich darüber, dass ich ihm nicht mehr so in den Ohren liege, weil mich das Mutterdasein allein nicht befriedigt.

Außerdem ist Subaia nach einem langen Kinderladentag todmüde und Simon genießt die abendliche Lesezeit mit seiner müden und dadurch umso mehr verschmusten Tochter.

Eines Tages ruft mich eine Erzieherin zu sich. „Als Subaia heute in der Puppenecke spielte, hat sie einem Jungen erklärt: Du darfst das Baby aber nicht schlagen und auch nicht einsperren. Meine Babymama hat das immer mit uns gemacht." Hinzu kommt, dass Subaia den Kindern immer häufiger erzählt: „Ich bin so traurig, dass ich nicht aus Mamas Bauch gekommen bin. Meine erste Mutter hat mich gehauen und ins Klo gesteckt." Kurze Zeit später berichten mir die Erzieherinnen oder manchmal auch Eltern fast täglich von solchen Äußerungen und Unsicherheiten in der Kindergruppe.

Ich wende mich an Frau Reiz. „Wenn Sie, die Eltern und natürlich unsere Tochter nichts dagegen haben, würde ich gerne den Kinderladenkindern Subaias Geschichte erklären."

Frau Reiz nickt. „Das ist eine prima Idee."

Kurze Zeit später erscheine ich mit einem Bilderbuch zum Thema Adoption und Subaias Fotoalbum aus ihrer Heimzeit im Kinderladen. Der eigentlich traurige Umstand, dass heutzutage viele Eltern getrennt sind und einige neue Partner haben, erleichtert mir den Einstieg in das Gespräch.

„Gibt es unter euch auch ein Kind, das zwei Mamas oder zwei Papas hat?", frage ich. Sofort schnellen Kinderfinger in die Höhe. Mehrere Kinder berichten von ihren Patchworkfamilien. „Seht ihr, ein bisschen so ist das auch bei Subaia. Mit dem Unterschied, dass sie jetzt bei mir, ihrer neuen Mama, und ihrem neuen Papa zu Hause ist. Und jetzt erkläre ich euch, was Adoption bedeutet."

Subaia hockt auf meinem Schoß, erzählt begeistert mit und zeigt ihre Fotos. Die Kinder lauschen, staunen und stellen Fragen. „Dann bist ja gar nicht Subaias richtige Mama", sagt ein Junge. Ich blicke eilig auf meine Tochter. Sie sitzt ganz stolz und selbstzufrieden im Kinderkreis.

„Subaia kommt aus dem Bauch ihrer ersten Mama", erkläre ich vorsichtig. „Aber sie konnte nicht für ihr Kind sorgen, das tue ich jetzt. Also bin ich für Subaia die richtige Mama." Mein kleines Mädchen nickt ebenso wie der Junge und andere Kinder im Kreis.

Subaias Geschichte stößt auf großes Interesse. Immer mal wieder fangen mich Kinder im Flur ab und stellen mir weitere Fragen. Nachdem sie über ihr „Anderssein“ Bescheid wissen, bessert sich das Verhältnis zu den anderen.

„Schön, dass Sie da waren“, sagt Frau Reiz. „Die Kinder verstehen Subaias Verhalten jetzt besser.“ Die Präsenz unserer Tochter löst immer viele Emotionen aus, positive und negative. Reden hilft, bin ich überzeugt.

Ein paar Monate lang verläuft unser Leben nicht ruhig, aber in gemäßigten Bahnen. Simon, Subaia und ich wachsen weiterhin zu einer Familie zusammen. Aber unser allgemeiner Enthusiasmus wird kurze Zeit später gestoppt: Subaias beste Kinderladenfreundin Johanna stirbt sehr plötzlich an einer Lungenentzündung. Durch ihre Autoimmunkrankheit hatte ihr kleiner Körper keine Ressourcen.

Ich bin geschockt. Johanna war gerade in den letzten Wochen oft bei uns. Und ihr alleinerziehender Vater Achim ist in den vergangenen Monaten ein guter Freund geworden. Nach seinem verzweifelten Anruf melde ich mich bei Simon. Er legt abrupt seine Arbeit nieder und kommt mittags nach Hause. Mein Mann ist ein Arbeitsmensch, mit seiner Reaktion habe ich nicht gerechnet. „Schön, dass du da bist“, sage ich und schließe ihn in meine Arme. Wir weinen beide. Nachdem wir Subaia aus dem Kinderladen abgeholt haben, versuchen wir ihr behutsam zu erklären, warum Johanna nicht in den Kinderladen zurückkehrt. „Warum seid ihr so traurig?“, sagt unsere kleine Tochter. „Johanna ist jetzt im Himmel. Ihr geht es endlich gut.“

Bei Johannas Beerdigung singe ich auf der Kirchenempore ein Lied, das ich für sie geschrieben habe. Subaia sitzt unten auf Simons Schoß. Simon kann seine Tränen während der Trauerfeier nicht zurückhalten. „Was ist denn mit dir?“, fragt unser kleines Mädchen irritiert. „Du musst doch gar nicht weinen.“

„Ist Subaia denn gar nicht traurig?", fragt mich Simon, als wir abends zusammensitzen und uns aneinander festhalten.

„Ich denke, dass ihre Reaktion ein Selbstschutz ist, um sich gegen einen weiteren Verlust abzuschirmen", erwidere ich.

Merkwürdigerweise hat sich zwei Wochen vor Johannas Tod folgende Situation ereignet: Beide Mädchen lagen zusammen auf unserem Wohnzimmersofa und Subaia klammerte sich vehement an ihre Freundin. Ich habe heute noch Johannas Stimme im Ohr: „Lina, bitte sag Subaia mal, sie soll mich nicht so doll festhalten!" Von diesem Vorfall zeugt ein Foto, das bis heute an unserem Kühlschrank hängt. Seitdem Johanna so überraschend gestorben ist, berührt uns dieses Bild sehr stark. Es ist, als hätte Subaia etwas geahnt und versucht, ihre Freundin bei sich zu halten.

Drei Monate nach Johannas Tod fliegen wir in die Ferien.

Nach einem Blick aus dem Fenster des Flugzeugs zupft Subaia aufgeregt an meinem Ärmel: „Du Mama, ich habe gerade Johanna gesehen. Sie saß auf einer Wolke und hat mir zugewinkt." Mir steigen Tränen in die Augen. Ich umarme mein kleines Mädchen, vergrabe meinen Kopf in ihre Schulter und sage: „Das ist wunderschön, mein Schatz."

„Du musst doch gar nicht weinen, Mama, wenn das schön ist", sagt mein Kind und streicht mir übers Haar.

Im Kinderladen geht das Leben ohne Johanna weiter. Eines Morgens spricht mich die Kinderladenleiterin, Frau Reiz, an: „Subaia fordert wesentlich mehr Aufmerksamkeit, als wir ihr hier bieten können. Wir haben eine therapeutische Kraft unseres Trägers gebeten, in unsere Einrichtung zu kommen, um Klarheit darüber zu bekommen, ob ein Integrationsplatz Ihr Kind nicht besser fördern könnte."

Ich bin verwirrt. Wir waren doch mit Frau Reiz bei der Vertragsunterzeichnung übereingekommen, dass ein so genannter I-Platz für Subaia nicht förderlich wäre. Durch Johannas Tod ist im

Kinderladen aber nun ein Integrationsplatz frei geworden. Soll Subaia jetzt als Lückenbüßerin für Johanna fungieren? Dann würde sich der Kinderladen die Mühe ersparen, ein neues I-Kind suchen zu müssen. „Sie ist doch nicht körperlich oder geistig behindert wie die I-Kinder in der Einrichtung", erzähle ich abends Simon unter Tränen. „Ich kann mich nicht damit einverstanden erklären, sie eventuell zeitlebens in diese Schublade zu befördern." Er nimmt mich in die Arme. „Lassen wir sie doch überprüfen, danach entscheiden wir weiter." Schweren Herzens gebe ich Frau Reiz am nächsten Morgen grünes Licht.

Kurze Zeit später hospitiert die therapeutische Mitarbeiterin des Trägervereins im Kinderladen. Bei einem Elterngespräch mit ihr fühlen Simon und ich uns bestätigt. „Ich bin zu der Einschätzung gekommen, dass Frau Reiz Ihre Tochter als anstrengend empfindet und einfach nicht mit Subaia klarkommt. Einen Integrationsplatz kann ich aber zum Wohl des Kindes nicht empfehlen. Die Kleine braucht eine Chance auf normale Entwicklung." Im gemeinsamen Gespräch mit der Therapeutin und uns Eltern signalisiert Frau Reiz Einsicht. „Ich verstehe Subaias Situation und die Haltung ihrer Eltern", erklärt sie. „Wir lassen alles beim Alten."

Kurze Zeit herrscht Frieden. Im Kinderladen findet ein neues I-Kind seinen Platz.

Subaia feiert ihren fünften Geburtstag und wir sind alle drei stolz und glücklich, dass sie jetzt ein Vorschulkind wird. „Jetzt gehöre ich im Kinderladen zu den Großen", erzählt unsere Tochter mit freudestrahlenden Augen.

Wenige Tage später bricht sie zu Hause in Tränen aus: „Ich darf nicht in der Vorschulgruppe mitmachen."

Ich frage bei Frau Reiz nach. Sie wirkt extrem verlegen. „Wissen Sie, Subaia hat einfach noch nicht die Reife. Ihr fehlt es an Konzentration, um bei der Vorschulgruppe mitzuarbeiten." Ich nehme ihre Antwort wiederum zweifelnd hin und suche Rat und Erklärung bei einem Kinderpsychiater, der mit der Mutter von Subaias Kinderladenkumpel Lino befreundet ist. In der Praxis von Doktor Gerling absolviert Subaia mit viel Spaß an der Sache verschiedene Tests. „Ihre Tochter ist zwar entwicklungsverzögert, muss aber gerade deswegen das Lernen lernen", erklärt uns der Kinderpsychiater. „Wenn sie keine Chance hat, in der Vorschulgruppe mitzuarbeiten, wird der Einstieg in die Schulzeit zusätzlich erschwert."

„Siehst du, unsere Zweifel an Frau Reiz' Einschätzung waren wieder richtig", triumphiere ich, als Simon und ich die Praxis verlassen.

„Vielleicht möchte Frau Reiz Subaia einfach nicht in der Vorschulgruppe haben, die sie ja schließlich selber leitet", erwidert mein kluger Ehemann. Ein weiteres Gespräch mit Frau Reiz verstärkt unseren Eindruck und den der Therapeutin. Die Kinderladenleiterin verweigert schlicht die Teilnahme unserer Tochter am Vorschulprogramm.

Da im Jahr darauf Subaias Einschulung bevorsteht, nehmen Simon und ich Kontakt mit der zuständigen Grundschule in unserem Wohnviertel auf. Dort gibt es eine Eingangsstufe. Wir melden uns bei der Schulleiterin zum Elterngespräch an. Mit der Geschichte unserer Tochter gehen wir offen um. „Wissen Sie, wir müssten jetzt einen neuen Kindergarten für sie suchen und jeder Bruch ist für Subaia sehr schwer", erklären wir. „Da sie danach ohnehin Ihre Grundschule besucht, erwägen wir den Besuch ihrer Eingangsstufe. Für unser Kind wäre das eine gute Vorbereitung auf die Schulzeit." Geduldig hört sich die Direktorin unsere Erklärungen an. „Ich schlage vor, dass Sie mit Ihrer Tochter in der Eingangsklasse hospitieren", sagt sie schließlich. „Dann sehen wir weiter."

Wenig später nehmen Subaia und ich einen Vormittag lang am Unterricht teil. Wider meinen Erwartungen verhält sich meine Tochter außergewöhnlich angepasst. Ein paar Mal zeigt sie sogar, beflügelt durch das Vorbild der Schüler, brav auf und stellt Fragen zum Unterrichtsgeschehen. Ich bin stolz auf mein kleines Mädchen und sehe sie schon als zukünftige Eingangsstufenschülerin. In freudiger

Erwartung habe ich mich erkundigt und könnte sogar einen Hortplatz für meine Tochter in der schuleigenen Einrichtung bekommen.

Da erreicht mich ein Anruf der Schulleiterin: „Wir haben uns im Kollegium besprochen und sind einvernehmlich zu der Ansicht gelangt, dass Subaia in der Eingangsstufe nicht gut aufgehoben ist. Bei einer Klassenstärke von über dreißig Kindern können wir ihren Schwierigkeiten nicht adäquat begegnen. Sie sollten sich um einen neuen Kindergartenplatz bemühen. 2006 wird Subaia bei uns eingeschult. Dann sehen wir uns wieder." Ich bin einsichtig, aber dennoch frustriert. Für unsere Tochter bedeutet das gleich zwei Wechsel innerhalb eines Jahres. Denn dann muss sie doch zur Schule gehen. Schweren Herzens melden Simon und ich Subaia aus dem Kinderladen ab und in einem speziellen Vorschulkindergarten an, den uns Doktor Gerling empfohlen hat.

Im neuen Kindergarten werden wir mit offenen Armen empfangen. Die Räume sind hell und licht gestaltet und wir alle drei fühlen uns schon bei der Besichtigung pudelwohl.

In der Einrichtung sind eine Krabbelstube, ein spanisch-deutscher Kindergarten, eine italienisch-deutsche Vorschulgruppe sowie ein Hort untergebracht. Bei den zweisprachigen Gruppen steht also sowohl eine deutsche als auch eine fremdsprachige Erzieherin oder ein Erzieher den Kindern zur Verfügung.

„Unser bilinguales Konzept ist so gedacht, dass unsere Kinder ein Sprachgefühl entwickeln und mit verschiedenen Kulturen in Kontakt kommen", erklärt uns die Gründerin Pamela beim ersten Gespräch. Sie ist mir auf Anhieb sympathisch. Subaia amüsiert sich königlich, als sie von ihrer italienischen Erzieherin Rosa liebevoll in Empfang genommen wird. Rosa ist ein etwa 1,55 Meter großes wohlproportioniertes Temperamentbündel und strahlt vor Kinderfreundlichkeit über beide Ohren. „Komm zu mir, wir werden viel Spaß haben", sagt sie mit unverkennbarem italienischen Akzent und streckt die Hände nach Subaia aus.

„Die spricht aber lustig“, flüstert mir unsere Tochter ins Ohr, schmiegt sich wenig später in Rosas runde Arme und geht mit ihr auf Erkundungstour. Wir lassen Subaia ziehen und haben ein gutes Gefühl.

Eine weitere Besonderheit der Einrichtung sind die verschiedenen Kursangebote. „Unsere Kinder können hier zurzeit Sprachangebote wahrnehmen, Sport, Yoga oder Experimente machen, Instrumente lernen und Flamenco tanzen. Und Sonstiges, vorausgesetzt, dass wir interessierte Referenten finden“, erklärt uns Pamela.

„Ich könnte Theaterkurse anbieten“, sage ich spontan. Pamela lächelt mir zu. Ab sofort gehört mein Kind der Vorschulgruppe an und ich dem Referenten-Kollegium.

Mit wachsender Begeisterung beobachten Simon und ich, wie Subaia in ihrem neuen Kindergarten aufblüht. Wenn ich sie abhole, singt sie italienische Kinderlieder und präsentiert mir stolz die Ergebnisse ihrer Kurse.

Allerdings merken auch hier die Kinder schnell, dass Subaia oft reizüberflutet reagiert, sich nicht gut anpassen kann. Manchmal teilt sie körperlich in der Vorschulgruppe aus.

„Die hört nicht auf die Erwachsenen und lässt uns nicht in Ruhe, wenn wir nicht mit ihr spielen wollen“, lautet der inzwischen altbekannte Satz.

„Lassen Sie Ihrer Tochter Zeit“, winkt Rosa ab. „Ich passe schon auf sie auf.“ Ihre Reaktion ist Balsam auf Simons und meiner Seele.

„Sie schafft das“, sagt Simon zuversichtlich und fügt spitzbübisch grinsend hinzu: „An Rosas Busen kann man sich einfach nur geborgen fühlen.“

„Erwachsenenfreie Zone“, sage ich und versetze ihm lachend einen Klaps.

Wenige Wochen nach Subaias Neubeginn im Kindergarten beginnt sie, bei der Verabschiedung zu bocken. Erst will sie mich nur nicht gehen lassen, zögert unseren Abschied heraus. Bald schreit sie wie am Spieß, wenn ich zur Tür gehe und hängt sich mit all ihrer Kraft an mich. Wenn sie tränenüberströmt an meinem Rockzipfel hängt, versuche ich, ihr gegenüber Zuversicht und Ruhe auszustrahlen und gehe aus der Tür.

„Ich verstehe das nicht", erkläre ich Rosa verzweifelt. „Subaia fühlt sich doch augenscheinlich hier wohl. Im vorherigen Kindergarten hat sie sich manchmal schwer getan, aber nie auf diese Weise."

„Das wird schon", erwidert Rosa beschwichtigend und tätschelt meinen Arm.

„Subaias Verhalten ist ein Zeichen dafür, dass sich ihre Bindung an Sie verfestigt", erklärt Frau Burkhardt schlicht beim Elterngespräch. „Na dann", denke ich mit einem weinenden und einem lachenden Auge.

„Schmeiß die Mama raus", heißt mein neu entwickeltes morgendliches Spiel. Tatsächlich schiebt mich Subaia ein paar Wochen später grinsend aus der Tür und schlägt diese hinter mir zu. Jetzt verdrücke ich ein paar Tränen, weil ich mich so schnell abgeschoben fühle.

Ein halbes Jahr später heiratet meine Cousine Iris. Ihr Auserwählter betreibt gemeinsam mit seiner Familie einen großen Bauernhof samt Gaststätte. Wir freuen uns auf eine zünftige Bauernhochzeit mit Pferdekutsche, Musik und Tanz.

Nach dem Hochzeitsmahl stehen Simon und ich mit der Braut und ihrem Bruder, meinem Cousin Dennis, auf dem Hof und plauschen. Subaia ist um die Ecke verschwunden. Wir lassen sie laufen. „Wir sind hier auf dem Land, die Autostraße ist weit, was soll schon passieren", sage ich zu meinem Mann. Eine Viertelstunde später kommt unser Kind angelaufen und zupft mich energisch am Ärmel. „Da hinten ist eine Frau, die hat mich geschlagen, so, ins Gesicht", sagt Subaia und macht eine Handbewegung in die Richtung meiner Wange. Ich schaue sie erschrocken an. Sie wirkt verstört, vergießt aber keine Träne. Simon und ich wechseln einen fassungslosen Blick. Auch Iris und Dennis sehen sich bedeutungsvoll an.

Mir ist ganz schlecht. Schließlich weiß ich, wie distanzlos Subaia sein kann. Hat sie die fremde Frau provoziert? Aber niemand hat das Recht, ein Kind zu schlagen. „Wo ist denn die Frau", frage ich Subaia und sie zieht mich mit sich. Auf einem Feldweg kommt uns eine kräftig gebaute Mittdreißigerin mit einem etwa zweijährigen Jungen an der Hand entgegen. Der Kleine zieht einen roten Kinderkoffer hinter sich her. „Das ist die Frau", ruft meine Tochter und klammert sich an mich.

Mit feindseligem Gesichtsausdruck blickt mir die andere Mutter entgegen. „Meine Tochter hat gesagt, Sie hätten sie geohrfeigt", sage ich verhalten und warte auf ihre Reaktion. Da schimpft sie los: „Das ist ja auch kein Wunder. Das Mädchen ist unmöglich. Sie wollte unbedingt den Kinderkoffer meines Sohns haben und als ich Nein sagte, hat sie dran herumgezerrt. Ich habe sie angebrüllt und dann hat sie auf mich eingeschlagen, mich getreten und ist auch auf meinen Jungen losgegangen. Da habe ich ihr eine gescheuert", schreit sie mit wutentbranntem Gesicht.

Ich bebe innerlich und versuche, mich ruhig zu halten: „Wenn es so war, ist das Verhalten meiner Tochter nicht in Ordnung. Aber Sie hätten zu uns Eltern kommen sollen anstatt unser Kind zu schlagen." Das Gesicht der Frau ist feuerrot. „Ich wusste ja überhaupt nicht, wer ihre Eltern sind. Außerdem muss ich mir das nicht gefallen lassen und meinen Sohn schützen." Ich schlucke und fühle mich kurzzeitig hilflos. Ich kann nicht umhin, der Frau ihre Geschichte abzunehmen. Trotzdem will und muss auch ich mein Kind schützen: „Wissen Sie, unsere Adoptivtochter hat in ihren ersten Lebensjahren Schlimmes erlebt. Sie wurde schwer misshandelt und ist traumatisiert. Vermutlich hat der Konflikt mit Ihnen irgendetwas in ihr ausgelöst. Es tut mir leid, dass Sie und Ihr Sohn damit konfrontiert wurden."

„Das ist mir egal", keift die fremde Frau. „So etwas kann ich nicht durchgehen lassen. Ihr Kind ist nicht normal. Mein Sohn würde niemals so reagieren." Sie zittert vor Wut.

Dein Glück, denke ich ebenfalls wütend. Hast du mir überhaupt zugehört? Du hast kein Trauma-Kind und dein Junge ist noch klein. Aber wer weiß, was aus ihm wird, wenn er erlebt, dass du Kinder schlägst.

Ich hole tief Luft: „Ich hätte gerne in Ruhe mit Ihnen geredet. Denn ich finde es trotz des Verhaltens meiner Tochter nicht in Ordnung, dass Sie als Erwachsene zugeschlagen haben. Das ist ein Familienfest. Sie hätten uns sicherlich gefunden." Flammende Augen. Die Wut der fremden Mutter kriecht durch jede Pore meines Körpers. Ich drehe mich um und ziehe Subaia mit mir.

Nachdem wir um die Ecke sind, gehe ich in die Knie und sehe ihr in die Augen. Ihr triumphierender Blick geht mir durch und durch. „Subaia, Mama findet es schrecklich, dass die Frau dich gehauen hat. Es ist nicht richtig. Deshalb darfst auch du auf gar keinen Fall schlagen, nicht Erwachsene und nicht Kinder." Ein schräger Blick aus braunen Augen: „Aber meine erste Mama hat mich auch gehauen." Mein Magen zieht sich zusammen. Ja, ich weiß. Aber das darf doch nicht ihr Argument für Aggression sein. Kann sie nicht anders? Auch ich habe Subaias Wut schon körperlich zu spüren bekommen. Heute traf es aber eine fremde Erwachsene, zum ersten Mal. „Das tat weh und macht dich traurig und manchmal auch wütend, ich weiß. Jetzt bin ich deine Mama und ich werde dich beschützen. Wenn du zu mir kommst und mir deinen Ärger erzählst, kann ich dir helfen, dass es dir besser geht und dir nichts passiert."

Subaia nickt. Ich nehme sie an die Hand und wir gehen zurück zu Simon, Iris und Denis, die abwartend vor der Gaststätte stehen.

„Was war los?", fragt Simon angestrengt. Ich erkläre verklausuliert, während ich Subaia im Arm halte. Plötzlich kommt die fremde Frau samt Sohn um die Ecke. Meine Cousine, die Braut, schaut aus schmalen Augen: „Ach, du warst das?", sagt sie lakonisch. Ihr Bruder bebt: „Was fällt dir ein, Subaia zu ohrfeigen?“ Ich zucke zusammen, tausche mit Simon einen erstaunten Blick. Wer ist die Frau? Wie sich herausstellt, ist es die Schwester des Bräutigams. Auch das noch. Wir beruhigen Denis, erklären, verhandeln, und plötzlich ist alles gut. Die Frau und Subaia entschuldigen sich beieinander. Unsere Kinder spielen einträchtig. Meine Familie hat Subaia unterstützt, obwohl die Betroffene Iris neue Schwägerin ist. Das freut mich. Aber was wird noch kommen? Wie bändigen wir unser Kind, das es mit seiner unbändigen provokativen Art erreicht, weiterhin misshandelt zu werden? Vielleicht war es ja ein einmaliger Vorfall, hoffe ich inständig.

Zwei Wochen später kommt mir im Hof von Subaias Kindergarten eine weinende und offensichtlich schwangere Frau mit einem kleinen Jungen an der Hand entgegen und rennt an mir vorbei. Ich bin in Eile, auf dem Weg mein Kind abzuholen, registriere aber ihr tränenüberflutetes Gesicht. Oje, denke ich, sie hat vermutlich eine schlechte Nachricht erhalten. Ich bleibe stehen, sehe ihr nach. In meinem Kopf rotieren die Gedanken. Ich kenne die Frau nicht, kann ich sie dennoch ansprechen? Ihr helfen? Da wendet auch sie sich plötzlich um. „Sind Sie zufällig die Mutter von Subaia?“ Ich zucke zusammen. Zufällig? Ja, mehr oder weniger. Was meint sie? „Ja, ich bin Subaias Mutter, warum?“

Atemlos bricht es aus ihr heraus: „Ich saß mit meinem Sohn im Flur des Kindergartens, um ihn schnell anzuziehen, weil wir einen Termin haben. Da kam Subaia und stelle mir unablässig Fragen. Ich reagierte zugegebenermaßen nach der wiederholten Frage, wo wir hingehen, unwirsch. Ich fand, dass es Ihre Tochter nichts angeht, war in Eile. Als ich aufstand, ging es los. Subaia hat mich mit den übelsten Schimpfwörtern tituliert. Sie hat mich in den Bauch geboxt und getreten. Ich habe versucht, sie festzuhalten, konnte sie aber nicht fassen. Und mein Kind hat mit schreckgeweiteten Augen auf der Bank gesessen und gezittert. Ich hatte Angst um beide Kinder, auch um das in meinem Bauch. Dann kam zufällig eine Erzieherin vorbei und hat Subaia mitgenommen." Die Frau schluckt. Ich ebenfalls.

Ich fasse sie vorsichtig am Arm. „Das tut mir unendlich leid." Ich erkläre, beschreibe, Subaias Verhalten zwingt mich wieder einmal zur Offenbarung ihrer Lebensgeschichte.

Die fremde Mutter wirkt betroffen, aber sieht mir fest in die Augen. „Gut, dass ich das jetzt weiß. Jetzt kann ich mir alles besser erklären. Es tut mir auch für Subaia leid. Sie fragen sich vielleicht, warum ich als Erwachsene die Situation nicht in den Griff bekommen konnte. Aber ich hatte einfach Angst vor ihrem Kind."

Ihre Worte treffen mich, doch ich verstehe sie. „Ich wäre in Ihrer Situation auch hilflos gewesen", sage ich.

Diesmal ist sie es, die meinen Arm drückt: „Ich wünsche Subaia und Ihnen alles Gute." Wir lächeln uns vorsichtig an.

Ich stoße mit einem schalen Gefühl die Tür zum Kindergarten auf und gehe ins Büro, in der Erwartung, mir eine Strafpredigt wegen des Verhaltens meiner Tochter abzuholen. Dort weiß man Bescheid. Aber die Strafpredigt bleibt aus. Pamela nimmt mich in den Arm: „Heute ist es nicht gut gelaufen. Aber das wird schon. Wir behalten Subaia im Auge." Ich würde sie am liebsten abküssen. Was für eine tolle Einrichtung!

Als ich in Subaias Gruppenraum komme, rennt mir ein gut gelauntes Kind entgegen. Ich versuche, mit ihr über die Ereignisse zu reden. Sie macht den Eindruck, sich nicht zu erinnern.

Am liebsten würde ich mich mit meiner Tochter nicht mehr aus dem Haus trauen. Die Angst vor weiteren Aggressionen und den Reaktionen unseres Umfelds ist zu groß. Aber ich kann und möchte mein Kind nicht einsperren.

Im Spielpark unseres Wohnviertels attackiert Subaia wenige Wochen später eine andere Mutter auf ganz ähnliche Weise, die noch kurz zuvor liebevoll mit ihr geplaudert hatte, dann aber gehen wollte. Auch im Kindergarten schlägt Subaia erneut auf eine Mutter ein.

Simon versucht immer wieder, mich zu beruhigen. Du hast gut reden, denke ich insgeheim grummelnd. „Die Verzweiflung und Wut von Subaias Opfern bekommst nicht du ab“, sage ich. „Das ist eindeutig ein Vorteil“, sagt mein Mann und schließt mich tröstend in seine Arme.

Ich bin froh, dass wenig später wieder ein Elterngespräch bei Subaias Kindertherapeutin ansteht. „Traumatisierte Menschen triggern, wenn sie eine Situation erleben, die sie an das traumatisierende Ereignis erinnert“, erklärt uns Frau Burkhardt. „In diesem Moment sind die linke und rechte Gehirnhälfte nicht mehr vernetzt. Subaia ist dann nicht in der Realität, sie reagiert auf das ablehnende Verhalten ihres Gegenübers und ihre eigenen negativen Gefühle.“

„Heißt das, Subaia sieht sich emotional ihrer leiblichen Mutter gegenüber, ohne sich das selbst bewusst machen zu können?“, fragt Simon.

Frau Burkhardt nickt: „Ich denke, dass gerade das Nicht–reagieren-Können der betroffenen Mütter Subaia in ihrer Aggressivität bestärkt, weil sie sich an das Verhalten ihrer leiblichen Mutter in Konfliktsituationen erinnert fühlt.“

Klar, auch mir ist aufgefallen, dass es sich bei den betroffenen Müttern um Schwangere oder Frauen mit kräftigem Körperbau gehandelt hat. Subaias leibliche Mutter war mit ihrem vierten Kind hochschwanger, als die Kleine aus der Familie geholt wurde. „Tatsächlich fühlten sich die betroffenen Mütter laut ihrer Aussage Subaia gegenüber völlig hilflos“, überlege ich laut.

„Ebenso hilflos hat sich ihre leibliche Mutter in ihrer Lebenssituation gefühlt und natürlich auch Subaia, als sie vernachlässigt und geschlagen wurde“, antwortet Frau Burkhardt. Simon und ich tauschen einen Blick. Ich denke nach. Gibt es keinen Weg aus dieser Spirale? Wird Subaia ebenfalls ihr Leben lang aggressiv reagieren?

„Können wir Subaia einen anderen Weg weisen?“, frage ich.

„Sicherlich“, sagt Frau Burkhardt lächelnd. „So ein Trauma ist hartnäckig. Aber Sie tun ja schon alles für Ihr Kind.“

Auf dem Heimweg greife ich nach Simons Arm. „Vom jetzigen Standpunkt aus besehen wird es ein sehr langer Weg. Hast du es dir so schwierig vorgestellt?“

Er drückt liebevoll meine Hand. „Ich habe mir eigentlich gar nichts Konkretes vorgestellt, außer dass wir dann eine Familie sind. Erstens kam da ein unbekanntes Wesen und zweitens war ich ja noch nie Vater.“

Ich muss schmunzeln: „So geht es doch eigentlich allen Eltern am Anfang. Trotzdem ist bei Subaia eben vieles anders.“

Simon bleibt stehen und wendet mir sein Gesicht zu: „Bereust du unseren Schritt?“

„Nein.“ Ich lege die Hand auf seine Schulter: „Ganz ehrlich gesagt trauere ich schon in manchen Momenten unserer unbeschwerten Zweisamkeit nach. Unser Familienleben ist eine echte Herausforderung. Aber ein Leben ohne Subaia kann ich mir auch nicht mehr vorstellen.“

Simon lächelt mich an: „Mir geht es genauso. Trotz aller Schwierigkeiten ist Subaia das Beste, was mir passieren konnte.“ Himmel, wie ich diesen Mann liebe ...

Der Prozess

Eines Tages ruft Frau Schuster an. „Subaias Mutter wird vor Gericht gestellt“, sagt sie. Mir stockt der Atem.

„Wie lauten die Vorwürfe?“, frage ich vorsichtig nach.

„Kindesmisshandlung“, lautet die knappe Antwort. „Aber Ihnen ist ja bekannt, dass Subaias Mutter den leiblichen Vater bezichtigt. Da sich dieser seit Herausnahme des Kindes auf der Flucht befindet, ist die Beweislage schwierig. Die Staatsanwaltschaft ist aber entschlossen, Subaias Fall dennoch vor Gericht zu bringen.“ In meinem Kopf rattern die Gedanken. Soll mit diesem Prozess ein Exempel statuiert werden? Denn gerade in letzter Zeit hatte es sehr viele Pressemeldungen über vernachlässigte, misshandelte und infolgedessen zu Tode gekommene Kinder gegeben. Frau Schuster hat uns noch vor Kurzem gesagt, dass Subaia in unserem Bundesland als schwerster Misshandlungsfall eines überlebenden Kindes gilt.

Die Jugendämter stehen in der Presse sehr negativ im Fokus. Inzwischen wird verstärkt Wert darauf gelegt, pädagogische und medizinische Fachkräfte auf etwaige Merkmale einer Kindesvernachlässigung, -misshandlung oder -missbrauch zu schulen.

„Subaia ist schon fast drei Jahre bei uns. Warum wurde ihre Mutter dann nicht früher vor Gericht gestellt?“, frage ich Frau Schuster.

Sie seufzt ins Telefon. „Es gab natürlich ein Ermittlungsverfahren wegen versuchter Tötung und Missbrauchs Schutzbefohlener. Damals hoffte man jedoch, Subaias flüchtigen Vater greifen zu können und dann beiden Eltern den Prozess zu machen.“ Also vielleicht tatsächlich ein Exempel, überlege ich. Frau Schusters frühere Worte von der schwierigen Beweislage haften in meinem Kopf. Als hätte Frau Schuster meine Gedanken geahnt, sagt sie: „Unterlassene Hilfeleistung wird auch geahndet.“ Aber was bedeutet der

Prozess für Subaias leibliche Mutter? Obwohl es mir schwer fällt, sie von Vorwürfen freizusprechen, zieht sich bei dem Gedanken an eine etwaige Verurteilung alles in mir zusammen. Sie ist Subaias Mutter und hat zwei ihrer Töchter bei sich. Was bedeutet dies für ihr Leben? Und wird sie sich nicht noch mehr weigern, Subaia, ihre Drittgeborene, zur Adoption freizugeben? Wieder ist es, als hätte Frau Schuster meine Gedanken erraten. Sie meldet sich erneut zu Wort: „Ich möchte, dass Sie sich anwaltlichen Rat holen. Es gibt eine Rechtsanwältin, Frau Schöne, die Expertin für Adoptionsverfahren ist. Mit ihrer Hilfe könnte es uns gelingen, das Einverständnis der Mutter nach dem Prozess gerichtlich zu ersetzen." Ich fühle mich emotional hin- und hergerissen. Würde das wirklich bedeuten, dass wir Subaia endlich adoptieren dürfen?

Das wäre unser größter Wunsch, gerade vor der Einschulung. Subaia soll sich zugehörig fühlen, einen unserer Nachnamen tragen, nicht aufgrund der unterschiedlichen Namensgebung gehänselt werden. Denn unser inzwischen dreijähriges Dasein als Adoptionspflegeeltern bedeutet weiterhin, dass wir drei verschiedene Namen tragen, ich hatte den meinen nach Simons und meiner Heirat aus beruflichen Gründen behalten. Wir dürfen nach wie vor ohne Einwilligung des Vormunds mit Subaia nicht uneingeschränkt verreisen, kein anderes Land betreten. Und selbst mit einer solchen Einwilligung gab es bei den Kontrollen häufig Nachfragen wegen unseren unterschiedlichen Nachnamen. Offiziell dürfen wir ohne Einwilligung von Herrn Richter auch keine schwerwiegenden Entscheidungen, etwa über Subaias Schulbesuch, treffen. Schlussendlich könnten wir Subaia nicht als unsere Tochter beerben. Und obwohl wir sie von Herzen lieben, sind wir irgendwie dennoch keine offizielle Familie, denke ich und mir wird ganz flau im Magen. Die Angst, dass uns unser Kind wieder genommen werden könnte ist nach dieser Zeitspanne eher irreal, aber immer noch präsent.

Wir haben weiterhin regelmäßig über das Jugendamt an Subaias Mutter geschrieben, um Fotos gebeten, ihr Einverständnis zur

Adoption. Nichts ist passiert. „Nach zwei Jahren Adoptionspflege ist es äußerst unwahrscheinlich, dass Kinder in die Herkunftsfamilie zurückkehren", hatte uns Frau Schuster vor einem Jahr gesagt und ergänzt: „Und in Subaias Fall aufgrund der Misshandlungsvorwürfe sowieso." Trotzdem kommen jetzt die Ängste wieder hoch.

„Wann soll der Prozess denn stattfinden?", frage ich Frau Schuster am Telefon.

„Bereits in zehn Tagen", antwortet sie seufzend.

Am nächsten Morgen rufe ich bei Frau Schöne an. Nachdem ich der Anwältin die Situation geschildert hatte, fragt sie sofort: „Und wer vertritt das Mädchen als Nebenklägerin vor Gericht?" Auf meine verdutzte Nachfrage, wie das denn möglich wäre, antwortet sie: „Es wäre ohnehin die Aufgabe des Vormunds gewesen, eine Nebenklage für die Kleine zu beantragen. Denn schließlich ist Ihre Tochter die Betroffene in dem Verfahren." Ohne Nebenklage könne es passieren, dass das Ganze zu einem Lapidarfall würde, da ja offiziell der Vater des Kindes als Täter gelte und es für Misshandlungen von Seiten Subaias Mutter eventuell keine Beweise gäbe. „Da der Ersetzung eines Einverständnisses zur Adoption eine grobe Pflichtverletzung zu Grunde liegen muss, hätten Sie bei einem Freispruch gar keine Chancen, das Kind jemals adoptieren zu können", erklärt Frau Schöne weiter. Ich schlucke. Das ist mir neu. „Und der Vormund hat diesbezüglich nichts unternommen?", fragt Frau Schöne erbost und wartet gar nicht erst meine Antwort ab. Stattdessen sagt sie: „Schließlich geht es vor allem um das Kindeswohl. Wir sollten uns rechtliche Schritte gegen den Vormund vorbehalten." Mein Mund ist trocken. Mit solchen Reaktionen und eventuellen Konsequenzen habe ich nie gerechnet. Ich denke an meine erste Begegnung mit Herrn Richter im Kinderheim zurück, als er von Subaia angesprochen wurde und sich mir gegenüber nicht als ihr Vormund zu erkennen gab. Das fand ich merkwürdig, aber ich weiß um die Überlastung der Vormünder und kann mir wirklich nicht vorstellen, ihm eine Klage an den Hals zu hängen. „Ich berate mich mit meinem Mann und unserer Jugendamtsbetreuerin und melde mich", beeile ich mich zu sagen.

„Tun Sie das", erwidert Frau Schöne. „Aber tun Sie es schnell, uns bleibt nicht viel Zeit."

„Was sollen wir tun?", frage ich Simon nach eingehender Berichterstattung.

„Ich schlage vor, wir engagieren Frau Schöne, aber du meldest dich morgen früh erst einmal bei Frau Schuster." Seinem Gesicht kann ich ansehen, dass er von der neuen Entwicklung ebenso betroffen ist wie ich.

„Würdest du Herrn Richter verklagen wollen?", frage ich weiter.

„Du kennst mich", antwortet er nachdenklich. „Ich bin nicht auf Konfrontation aus, obwohl mich Frau Schönes Worte nachdenklich machen. Aber ich denke, wir sollten auf jeden Fall eine Nebenklage für Subaia anstreben."

Frau Schuster fackelt nicht lange: „Wenn das Frau Schönes Vorschlag ist, fahren wir noch heute gemeinsam zu Herrn Richters Büro und konfrontieren ihn mit der Situation der Nebenklage", schlägt sie vor. „Denn ohne seinen Auftrag als Subaias Vormund geht ja gar nichts." Ich bin unendlich erleichtert. Schließlich klingt Frau Schönes Vorgehensweise nach Kritik am Jugendamt. Bisher gab es keine Konflikte, ein guter Kontakt ist uns wichtig. Glücklicherweise ist Herr Richter tatsächlich im Büro anzutreffen und sieht uns erstaunt entgegen. Nach unserer Erklärung stimmt er ohne Umschweife der Nebenklage zu und unterschreibt die von Frau Schuster vorgelegten Papiere. Ich bin wiederum erleichtert. So einfach geht das? Als Wermutstropfen bleibt: Warum hat sich der Vormund nicht selbst um Subaias rechtliche Belange bemüht? „Weißt du noch", sagt Simon am Abend, „Herr Richter hat uns gesagt, er sei für über 100 Mündel zuständig. Wie viel Zeit bleibt da für die Geschichte eines einzelnen Kindes?"

„Das stimmt", sage ich tonlos. „Ein Skandal ist das alles dennoch."

Ich melde mich bei Frau Schöne und berichte. „Sehr schön", sagt sie. „Ich beantrage jetzt die Akte. Wir treffen uns in meiner Kanzlei und sehen dann beim Gerichtstermin weiter."

Ich erstarre innerlich. Wie meint sie das? „Aber wir werden doch beim Prozess gegen Subaias leibliche Mutter nicht anwesend sein", sage ich kleinlaut.

„Selbstverständlich werden Sie das", antwortet sie. „Der Prozess ist öffentlich und wer sonst sollte ihrem Kind später von den Ereignissen berichten?"

Simon und ich beraten uns. „Das ist doch furchtbar für Subaias Mutter und für uns, wenn sie uns im Gerichtssaal sieht. Bei so einem Prozess wird ja auch sonst niemand sein, hinter dem wir uns verstecken könnten. Ich käme mir vor wie eine Anklägerin", gebe ich zu bedenken. „Und für ihr Einverständnis zur Adoption ist es bestimmt nicht förderlich, uns dort zu sehen."

„Ich fürchte, Frau Schöne hat trotzdem recht", erwidert Simon. Frau Schöne hatte mir erklärt, dass zwei Verhandlungstage angesetzt sind. Vielleicht sollten wir nicht beide gleichzeitig auftauchen.

„Ich schlage vor, dass ich zuerst hingehe und eine Freundin als moralische Unterstützung mitnehme", sage ich.

Simon nickt. „Du machst das schon."

Drei Tage später stehen meine Freundin Tanja und ich vor dem Gerichtsgebäude, in dem die Strafverhandlung gegen Subaias Mutter anberaumt ist. Ich habe schlecht geschlafen, fühle mich müde und ausgelaugt. „Mach dir nicht so viele Sorgen", sagt Tanja nach einem prüfenden Blick auf mich. „Wir setzen uns einfach ganz nach hinten. Dann sieht dich Subaias Mutter vielleicht gar nicht."

„Du hast gut reden", sage ich seufzend. „Vermutlich sind wir die einzigen Zuschauer im Gerichtssaal. Wie sollte sie mich da nicht bemerken?"

„Komm", sagt Tanja und zieht mich am Arm mit sich.

„Ich war überhaupt noch nie bei einem Strafprozess", sage ich verhalten und betrachte mit gemischten Gefühlen die Beamten an der Sicherheitsschleuse im Eingangsbereich.

„Ich auch nicht", flüstert Tanja zurück, „das ist ja wie am Flughafen, mit Taschenkontrolle und allem drum und dran." Die Sicherheitsbeamten haben bei uns nichts zu beanstanden. Wir steigen die Treppe hoch in den ersten Stock.

„Den Nummern nach ist es in diesem Flur hier", ruft Tanja und erstarrt im nächsten Augenblick, ich ebenso: Vor uns wimmelt es vor Menschen. Einige der Wartenden haben Kameraausrüstungen dabei, sind augenscheinlich Journalisten. Ich bemerke ein Fernsehteam. „Was ist denn hier los?", sage ich staunend. „Offenbar wird im gleichen Gang ein Mordfall oder so etwas verhandelt."

„Das ist ja wie im Krimi", entgegnet Tanja fasziniert.

Wir drängeln uns durch die Menschentraube und treffen dahinter auf Frau Schöne. Sie winkt. „Kommen Sie, es geht gleich los." Hinter uns schiebt sich die Traube durch die Tür. Ich bin schon nicht mehr in der Lage, mich noch über irgendetwas zu wundern. Zu sehr bin ich damit beschäftigt, mich in die hinterste Bankreihe zu drücken und Ausschau nach Subaias Mutter zu halten. Aufgeregt stoße ich meinen Ellenbogen in Tanjas Rippen: „Dort vorne sitzt sie. Ich glaube, sie hat mich nicht gesehen."

„Die Frau neben ihr ist bestimmt ihre Verteidigerin", flüstert Tanja. Die Journalisten bleiben mit ihren Kameras vor den beiden Frauen stehen und eröffnen ein Blitzlichtgewitter. Subaias Mutter schaut verschämt zur Seite, während ihre Verteidigerin geschäftig die vor ihr liegende Akte durchsieht. „Jetzt dürfen sie noch knipsen, während der Verhandlung nicht mehr", erklärt Tanja hibbelig. „Das kenne ich aus dem Fernsehen."

Ich sehe auf die leibliche Mutter meines Kindes. Sie sitzt mit gesenktem Blick auf ihrem Platz und ich leide mit ihr. Sie schickt einen Hilfe suchenden Blick zu einer älteren Frau, die vor uns im Publikumsraum sitzt. „Ich glaube, das ist Subaias Oma", flüstere ich aufgeregt. „Ich kenne sie nur von einem Foto, das die Kleine aus dem Kinderheim mitgebracht hat". Ich werfe einen Blick auf ihren Hinterkopf, kann keine Regung ausmachen. „Was auch immer Subaias Mutter vorgeworfen wird, so eine Verhandlung in der Öffentlichkeit muss schrecklich für die beiden sein", sage ich leise zu Tanja. Ich denke an die eigene Kindheit von Subaias Mutter. Sie hat ihrer Tochter extrem geschadet, aber wie verstört muss sie selbst sein, um so etwas anzurichten. Ihre ganze Coolness bei unserem Gespräch im Jugendamt war nur Selbstschutz. Tanja nickt zerstreut. „Da kommt der Richter", raunt sie dann zurück. Er sieht sehr nett aus, denke ich ein bisschen erleichtert. Neben ihm nehmen die Schöffen Platz. Der Staatsanwalt blättert in seinen Unterlagen. Neben Frau Schöne sitzt Herr Richter, der Vormund. Er vertritt Subaia als Nebenklägerin. Die Verhandlung wird eröffnet. Die Anklage wird verlesen. Dann hat die Angeklagte das Wort.

„Es war von Anfang an schwer, ein Verhältnis zu Subaia aufzubauen, weil sie so früh auf die Welt gekommen ist", erzählt sie mit leiser Stimme. „Außerdem habe ich nicht verstanden, warum sie immer zu ihrem Vater wollte, obwohl sie mit blauen Flecken zurückkam. Ihr Verhalten fand ich schrecklich und abstoßend. Sie war sehr auf ihren Vater bezogen. Ich kam mir dabei dumm vor. Ich habe sie aber nie massiv geschlagen, nur Ohrfeigen und mit der flachen Hand auf den Mund. Wenn sie nicht ruhig war, geweint hat oder so etwas." Ich verkrampfe die Hände in meinem Schoß. Deshalb konnte Subaia so lange Zeit nicht weinen, denke ich erschüttert. „Angeschrien habe ich sie halt oft, auch wenn sie es ja nicht verstanden hat", sagt Subaias Mutter. „Ihr Vater hat sie regelmäßig auf den Spielplatz mitgenommen. Danach hatte Subaia blaue Flecken. Ich habe mir gedacht, dass er sie schlägt, habe mich aber nicht getraut, was zu machen und sie ihm immer wieder mitgegeben. Einmal war die Lippe aufgeplatzt und die Finger sahen aus wie eingequetscht. Er hat gesagt, sie sei auf dem Spielplatz hingefallen. Subaia hat sehr geweint. Ich habe ihr gesagt, dass sie aufhören soll. Ich habe sie dann ins Bett gelegt, aber sie schlief nicht. Wahrscheinlich hatte sie auch Schmerzen. Ihre Schwester Ina fing auch an zu quengeln. Ich war total fertig und habe Subaia eine Ohrfeige geben, damit sie endlich ruhig ist und sie auf den Hintern gehauen. Am nächsten Tag bin ich zu Doktor Benter, dem Kinderarzt, und habe ihm die Finger gezeigt. Der Arzt sagte mir, das würde rauswachsen und weggehen." Ich stöhne leise. Tanja legt mir die Hand aufs Knie.

„Haben Sie einmal gesehen, wie Subaia von ihrem Vater geschlagen wurde?", fragt der Staatsanwalt.

„Bestimmt zwei bis drei Mal", antwortet sie zögerlich. „Er hat ihr mit der Faust ins Gesicht geschlagen und sie aufs Bett geworfen. Ich bin dann mit Ina aus der Wohnung, weil sie so verstört darauf reagiert hat." Durch den Gerichtssaal geht ein Raunen. Mir ist ganz schlecht.

„Sie wollen also damit sagen, dass Sie gesehen haben, wie Subaia von ihrem Vater mit der Faust zusammengeschlagen wurde und Ihre einzige Sorge war, wie Ihre Tochter Ina darauf reagiert?", fragt der Staatsanwalt fassungslos.

„Das kann man so nicht sagen. Ich konnte doch nicht dazwischen gehen, er hätte mich totgeschlagen. Ich wusste mir nicht zu helfen."

Später wird der Richter sagen, es sei seiner Meinung nach für Subaias Mutter zumutbar gewesen, in der Nachbarschaft um Hilfe zu bitten oder die Polizei zu verständigen. Da Subaias Vater illegal in Deutschland lebte, hätte ihn die Polizei verhaftet und ihre Mutter hätte somit sich selbst und vor allem ihr Kind schützen können. Ganz abgesehen davon, dass sie ja ohnehin seit Jahren vom Jugendamt betreut wurde.

Der erste Zeuge wird aufgerufen. Es ist einer der beiden Polizisten, die Subaia aus der Wohnung geholt haben. Der Mann ist in Zivil und wirkt ziemlich nervös. Er berichtet, wie er und sein Kollege Subaia damals in der Wohnung vorfanden. Wie das kleine, vor Schmerzen wimmernde Mädchen die Arme nach der Notärztin ausstreckte und sich hinaustragen ließ, ohne sich nach der Mutter umzusehen. Dass der Rettungswagen Subaia in Begleitung der Ärztin in die Klinik brachte. Während seiner Aussage wandert der Blick des Polizisten immer wieder zum Platz der Angeklagten. Seine gesamte Körperhaltung drückt Betroffenheit aus. Ich wundere mich. Polizisten sind doch vermutlich häufiger mit solchen Vorfällen konfrontiert. Das Ganze liegt inzwischen über drei Jahre zurück. Löst Subaias Fall tatsächlich so viel bei ihm aus?

Diese Frage erübrigt sich in der Verhandlungspause. Tanja und ich haben uns erhoben und gemeinsam mit den Presseleuten auf den Flur bewegt. Dort treffen wir auf den Polizisten. Er läuft zwischen den Prozessbeobachtern den Flur rauf und runter und fragt laut: „Weiß jemand von den Anwesenden, wie es der Kleinen heute geht?“ Ich möchte mich nicht als Subaias Adoptionspflegemutter zu erkennen geben, jeden Medienrummel vermeiden. Aber ich bin gerührt über sein offenbar aufrichtiges Interesse an Subaias Befinden. Als er wieder an uns vorbeiläuft, raune ich ihm schnell zu: „Subaia geht es gut. Sie lebt inzwischen in Adoptionspflege.“ Er bleibt stehen. Seine Augen strahlen mich an: „Sie glauben gar nicht, wie sehr mich das freut.“ Ich würde gerne zurückstrahlen, senke aber meinen Kopf aus Angst, dass er mich in ein Gespräch verwickeln und weitere Fragen stellen könnte.

Tanja zieht mich mit sich in den Gerichtssaal. Der Saal füllt sich erneut. Ich bin froh, wieder in den hinteren Stuhlreihen verschwinden zu können und betrachte Subaias Mutter im Profil. Plötzlich wendet sie den Kopf, schaut suchend ins Publikum. Vor uns hat wieder Subaias Großmutter Platz genommen. Doch die Augen ihrer Tochter bleiben in meinen hängen. Ich zucke zusammen. Tanja beobachtet mich von der Seite. Der Blick der Mutter meines Kindes geht mir durch und durch. Er ist nicht feindselig, eher erstaunt. Sie hat mich ganz offensichtlich erkannt. Es kommt mir vor, als würden ihre Augen sagen: Warum machst ausgerechnet du dich zur Zeugin dieser öffentlichen Zurschaustellung und meines Leids?

Jetzt wünsche ich inständig, Simon wäre hier. Tanja drückt meine Hand. Ich versuche mich zu sammeln.

Weitere Zeugen werden aufgerufen. Die beiden Jugendamtsbetreuerinnen, die Subaias Herausnahme aus der Familie veranlasst haben, wiederholen nacheinander ihre polizeilichen Aussagen. Die Bilder von Subaias letztem Tag in ihrem alten Familienleben werden immer lebendiger. Die Stimmung im Gerichtssaal ist gedrückt.

„Die Angeklagte ist Sozialhilfeempfängerin. Subaia hatte auf Anraten des Jugendamts einen ganztägigen Krippenplatz, der vom Sozialrathaus finanziert wurde. Dadurch hatte die Mutter eine finanzielle Ersparnis, die sie durch eine Beitragszahlung ausgleichen sollte. Das hat sie offenbar nicht eingesehen und den Krippenplatz gekündigt, obwohl die sonderpädagogische Betreuung für Subaias weitere Entwicklung dringend notwendig war. Bei der Wohnungsdurchsuchung der Polizei wurde die Kündigung gefunden. Auch unserem dringenden Hinweis auf therapeutische Förderung und Krankengymnastik für Subaia ist die Angeklagte damals nicht nachgekommen. Auch dadurch wurde die Entwicklung des Mädchens in ihrem psychischen Reifungsprozess dauernd und nachhaltig gestört", erzählt eine der Jugendamtsbetreuerinnen.

Danach wird Subaias alter Kinderarzt, Doktor Benter, als Zeuge aufgerufen. Ein verhuschter kleiner Mann nimmt mit gebeugtem Rücken auf dem Zeugenstuhl Platz. Als er den Mund öffnet, um die Fragen zu beantworten, lallt er. Wir können ihn kaum verstehen. Er hat aber auch nicht wirklich viel zu sagen.

Seit ihrer Geburt sei Subaia seine Patientin gewesen, beim letzten Arztbesuch habe er das Kind geimpft und dann noch eine Überweisung an die Kinderchirurgie eines Krankenhauses ausgeschrieben. Grund war ein Armbruch. „An einen Gips oder eine Schiene kann ich mich aber nicht erinnern. Und über die Entstehung des Bruchs ist in meinem Patientenblatt nichts vermerkt." Er vermute, dass der Armbruch schon länger zurücklag und er die Überweisung aus abrechnungstechnischen Gründen ausgestellt habe. „Eventuell war der Bruch damals schon ausgeheilt, weil solche Verletzungen bei Kindern sehr schnell verheilen. Die Mutter hat jedenfalls alle Termine für Untersuchungen eingehalten. Sie war liebevoll und kooperativ. Insgesamt machte sie einen guten Eindruck."

Ich bin fassungslos. In den Unterlagen von Subaias Nebenklage-Anwältin befindet sich eben dieses Patientenblatt. Darin sind etliche Verletzungen vermerkt, unter anderem ein Schädeltrauma. Ist Subaia nach Ansichten dieses Arztes drei Jahre lang vom Wickeltisch gefallen?

Später erzählt mir Linos Mutter Dana, die ebenfalls Medizinerin ist, dass ein Alkoholproblem des Kinderarztes seit Langem in Fachkreisen bekannt war und ihm zum Zeitpunkt des Prozesses längst seine Konzession entzogen worden war. Der erste Prozesstag geht zu Ende. Ich fühle mich wie gerädert. Auch Tanja ist ganz blass um die Nase.

„Morgen sehen wir uns wieder", sagt der Richter zu Subaias Mutter. Aber das ist nicht alles. „Sie wissen ja sicherlich, dass die Staatsanwaltschaft zwei Jahre und neun Monate ohne Bewährung als Strafmaß für Sie gefordert hat. Ich mache Ihnen einen Vorschlag: Wenn Sie Subaia zur Adoption freigeben, lasse ich Ihr Interesse am Kindeswohl in das Urteil einfließen. Dann bekommen Sie eine Bewährungsstrafe."

Der Richter und die Schöffen erheben sich und verlassen den Saal. Ich glaube mich verhört zu haben. Das kann doch nicht sein. Mein Herz klopft bis zum Hals. Ich schaue zu Tanja. Sie sieht mich mit großen Augen an. Dann blicke ich zu Subaias Mutter. Sie sitzt mit hängenden Schultern auf ihrem Stuhl und hat den Blick gesenkt. Jetzt stehen sie und ihre Verteidigerin auf und gehen durch die Tür. „Hat der Richter das wirklich gerade gesagt?", flüstere ich Tanja zu. „Glaub schon", raunt sie zurück. Im Gerichtssaal beginnt ein Geraschel. Journalisten, Fernsehleute und der Rest des Auditoriums erheben sich und verlassen ebenfalls den Gerichtssaal. Tanja und ich mischen uns unter die Hinausgehenden. Mir zittern die Knie vor Aufregung. Meine Freundin hakt sich bei mir unter: „Jetzt gehen wir erst einmal einen trinken."

Als ich nach Hause komme, ist Subaia im Bett und Simon sitzt vor dem Fernseher. Er winkt aufgeregt: „Komm mal schnell her. In den Regionalnachrichten wird vom Prozess berichtet." Ich setzte mich neben ihn und habe Mühe, mich ruhig zu halten. Auf dem Bildschirm erscheint das gepixelte Gesicht von Subaias leiblicher Mutter im Gerichtssaal. In knappen Worten werden die Hintergründe und der Prozessverlauf geschildert. Simon schaltet den Fernseher aus und dreht sich zu mir um.

„Es ist aber noch viel mehr passiert", sage ich mit gepresster Stimme. Und ich erzähle vom Vorschlag des Richters.

„Das wäre ja unglaublich", sagt Simon mit zärtlicher Stimme. Wir nehmen uns in die Arme.

„Wie wird sie wohl entscheiden?", frage ich und vergrabe meinen Kopf an Simons Schulter.

„Wir werden sehen", antwortet er. „Morgen komme ich mit."

Es folgt eine fast schlaflose Nacht. Nur Subaia ist am nächsten Morgen quietschfidel. „Weißt du was, Mäuschen? Heute bringen dich Mama und Papa in den Kindergarten."

„Juhu", sagt das Mäuschen. Simon schlägt die Zeitung auf.

„Da schau mal Schatz, hier steht ein Artikel über den Prozess." „Mutter duldet Misshandlung – Prozess um Quälerei eines Mädchens", lautet der Titel. Ich beuge mich über das Blatt. „Ihr sollt nicht Zeitung lesen", sagt Subaia. „Ich will in meinen Kindergarten." Obwohl sie noch nicht lesen kann, beeile ich mich, die Zeitung zusammenzufalten und mich wieder unserer Tochter zuzuwenden.

Am Eingang des Vorschulkindergartens treffen wir Pamela. „So, und jetzt lauf zu Rosa." Schon ist das Kind weg. „Sagt mal, unsere Sekretärin hat mir gerade einen Zeitungsartikel gezeigt", sagt Pamela. „Geht es da etwa um unsere Subaia?" Ich nicke. „Oje, haltet mich bitte auf dem Laufenden."

„Machen wir, Pamela." Auf dem Weg vom Kindergarten zum Gericht kaufe ich an einem Kiosk andere Tagesblätter. Simon und ich schauen schnell hinein. Das darf doch nicht wahr sein: In allen Zeitungen ist unsere Tochter namentlich erwähnt. Ein Artikel mit der reißerischen Überschrift „Vater misshandelt Tochter. Und sie sah einfach zu" ist mit einem gepixelten Bild der Mutter versehen. Der Vorname und Anfangsbuchstabe des Nachnamens der Angeklagten prangt mir ins Auge. Aber noch schlimmer ist, dass Subaias Name genannt wird. Jeder, der uns kennt, wird wissen, wer gemeint ist. Warum schützt die Presse nicht das Kind?

Bisher haben Simon, ich und auch Subaia entschieden, wem wir was erzählen. Was bedeutet das für unsere kleine Familie?

Wir verschlingen einen Zeitungsartikel nach dem anderen. Für die Presse und auch bei Gericht gilt Subaias Vater als Haupttäter. Er wird international gesucht und kann bei diesem Prozess nicht aussagen. Die Aussagen seiner Tochter vermitteln uns ein anderes Bild. Wie viel Schuld hat Subaias Mutter wirklich? Wird sie ihre Tochter zur Adoption freigeben?

„Das Geschehene können wir nicht ändern. Für uns kommt es jetzt erst einmal nur darauf an, ob Subaia unser Adoptivkind wird", sagt Simon.

Auch an diesem Morgen ist der Gerichtsflur wieder mit einigen Presseleuten und neugierigen Zuschauern gefüllt. Wir treffen auf Frau Schuster, Herrn Richter und Frau Schöne, Subaias Anwältin. Vor der Tür, die zur Verhandlung führt, stehen die Angeklagte und ihre Verteidigerin. Auch Subaias Oma ist wieder dabei.

Mit diesem Gefolge kommt die leibliche Mutter unserer Tochter auf uns zu. „Ich wollte Ihnen sagen, dass ich Subaia zur Adoption freigebe", sagt sie. Ich fühle mich wie erstarrt, aber innerlich macht mein Herz einen Freudensprung. Simon kann ich ansehen, dass es ihm genau so geht. „Gott sei Dank“, sagt Frau Schuster.

Ich sammele mich: „Wir danken Ihnen von Herzen und werden alles tun, um für Subaia gute Eltern zu sein.“

„Noch etwas“, sagt Subaias Mutter, „ich habe meine Tochter heimlich evangelisch taufen lassen, als sie zwei Jahre alt war. Es ist mir wichtig, dass Sie ihre Religion respektieren.“ Simon und ich nicken. Sie dreht sich um und geht in den Gerichtssaal. Ihre Mutter und die Verteidigerin nicken uns zu und folgen ihr. Ich habe ganz weiche Knie. Gleich fange ich an zu schweben.

Simons glückliches Lächeln geht mir durch und durch. „Na, das ist doch prima gelaufen. Jetzt ist es nicht mal mehr nötig, ihr Einverständnis zur Adoption zu ersetzen“, sagt Frau Schuster. „Danke noch mal, Herr Richter, dass Sie der Nebenklage zugestimmt haben.“

„Sie wirkte eigentlich ganz selbstbewusst, als sie gerade mit uns sprach“, sage ich. „Ich möchte aber lieber nicht wissen, wie es in ihrem Innern aussieht.“ Simon legt den Arm um mich.

„Das mit der heimlichen Taufe war mir ganz neu“, sagt Frau Schuster. „Da hat sie Subaias muslimischem Vater aber richtig eins ausgewischt. Ich glaube, Sie sollten jetzt reingehen. Ich muss ja noch draußen warten, weil ich als Zeugin aussage.“

Erst im Nachhinein wird Simon und mir klar: Dass Subaia als Nebenklägerin vor Gericht vertreten wird, verändert vermutlich tatsächlich den Prozessverlauf. Frau Schöne hat ganze Arbeit geleistet und Zeugen geladen, die sonst nicht gehört worden wären. Frau Schuster vertritt das Jugendamt, aber ein Stück weit auch uns als Subaias neue Eltern. Wir haben offiziell keinen Anteil an diesem Prozess. Rein juristisch geht es um die Zeit, bevor wir Subaias Adoptionspflegeeltern wurden.

Frau Schuster ist nervös. „Mit so etwas habe ich auch keine Erfahrung“, gesteht sie uns. „Sie schaffen das. Viel Glück“, sage ich und gehe mit Simon in den Gerichtssaal.

„Ich freue mich, dass Sie sich im Interesse des Kindeswohls für die Adoption entschieden haben", sagt der Richter zu Subaias Mutter, nachdem ihn die Verteidigerin informiert hat. Er ruft den Gerichtsmediziner Professor Peschke als ersten Zeugen des Tages auf. Der Professor hat Subaia damals untersucht und die ersten Gutachten geschrieben. Ein groß gewachsener Mann mit grauen Schläfen nimmt auf der Zeugenbank Platz. Er wirkt äußerst kompetent und sehr erfahren. Seinen Namen habe ich im Zusammenhang mit Kriminalfällen schon öfter in der Zeitung gelesen. Mit ruhiger Stimme verliest er eine Liste, auf der Subaias damalige Verletzungen aufgeführt sind.

Mir stockt der Atem. Simon hält meine Hand ganz fest. Die Liste ist drei Din-A4-Seiten lang. Es sind 33 Verletzungen an der Zahl. „Neben zahlreichen Blutergüssen an Kopf, Rumpf, Armen und Beinen als Folge stumpfer Gewalteinwirkung waren massive Schwellungen im Gesicht und am Hinterkopf festzustellen. Zu diesem Zeitpunkt ließ es sich noch nicht sagen, inwieweit auch Schäden am Gehirn vorlagen. Außerdem hatte das Kind Bisswunden. Die Unter- und Oberlippe war monströs geschwollen. Im mittleren Bereich wirkte die Lippe wie gespalten."

Als uns Frau Klein vor drei Jahren von Subaias Verletzungen berichtet hat, war uns dieses Ausmaß nicht klar, denke ich erschüttert. In dieses verschwollene Gesicht, auf diese aufgeplatzte Lippe hatte die Mutter nach eigener Aussage noch am letzten Tag in Subaias altem Leben geschlagen. Vor mir erscheint das Bild meines lustigen kleinen Mädchens. Aber ihre Narben sind immer noch präsent, auch die auf ihrer Seele, denke ich. Der Bericht des Gerichtsmediziners erklärt einiges mehr. Warum sollte sie Erwachsenen vertrauen, warum auf sie hören. Niemand hat auf sie gehört, als ihr Schmerzen zugefügt wurden.

Jetzt berichtet Professor Peschke über damals bereits verheilte Knochenbrüche, die auf den Röntgenbildern zu sehen waren. „Besonders auffällig aber waren die ausgedehnten Verletzungen an den

Händen mit ausgedehnten entzündlichen Veränderungen", sagt der Gerichtsmediziner und ergänzt: „Diese waren nicht nur im Umfeld der Wunden festzustellen. Sie hatten sich auch schon in das umliegende Gewebe ausgebreitet. Solche phlegmonösen Entzündungen sind für jedermann sichtbar und außerordentlich schmerzhaft. Unbehandelt führen sie zu einer Blutvergiftung. Im Hinblick auf Zahl und Ausmaß der Phlegmone war es eher einem Zufall zuzuschreiben, dass das Mädchen überlebte."

Ich schlucke. Dass Subaia damals in Lebensgefahr war, wussten wir nicht. Simon wirft mir einen hilflosen Blick zu und knetet seine Hände. Wie vernebelt verfolge ich Professor Peschkes weitere Aussage: „Was die Kopfverletzungen betrifft, war zum Zeitpunkt meines ersten Gutachtens noch mit lebensbedrohlichen Komplikationen zu rechnen. Außerdem war unklar, inwieweit das Kind behindert sein könnte. In meinem Beruf sehe ich vieles, aber ein solches Ausmaß sadistischer Quälereien an einem Kleinkind hatte ich zuvor noch nicht zu Gesicht bekommen."

Im Gerichtssaal herrscht atemlose Stille. Selbst das Kratzen der Kugelschreiber auf den Notizblöcken der Journalisten ist nicht mehr zu hören. Alle wirken wie erstarrt. In mir bebt es. Simon greift erneut nach meiner Hand. Ich werfe wieder einen Blick auf Subaias Mutter. Sie sitzt weiterhin mit gesenktem Kopf da. Ich kann mir auch nicht vorstellen, dass Frau Schuster vor dem Prozess all diese Informationen hatte, überlege ich angespannt. Eigentlich wollte ich während der Verhandlung Notizen machen, jetzt unterlasse ich es endgültig. Wenn Subaia groß ist und mehr über ihre Vergangenheit wissen möchte, hat sie als Nebenklägerin die Gerichtsakte zur Verfügung, das hat uns Frau Schöne eingehend erklärt. Würden wir wollen, dass sie so genau Bescheid weiß? Kann sie das verkraften? Professor Peschke wird entlassen und nimmt im Gerichtssaal Platz. „Er ist doch ein viel beschäftigter Mann und könnte jetzt gehen", raune ich Simon zu.

„Vielleicht möchte er weiter zuhören", flüstert Simon zurück.

Frau Schuster macht ihre Sache als Zeugin gut. Jetzt dokumentiert sie vor Gericht, welche lang wirkenden Auswirkungen die Misshandlungen bei Subaia haben. Dabei beruft sie sich unter anderem auf die Berichterstattungen, die wir im Lauf der vergangenen drei Jahre ans Jugendamt geschickt haben, inklusive Äußerungen von Subaia, die wir aufgeschrieben haben.

Ich rutsche immer tiefer in meinen Stuhl. Die Aussagen entsprechen zwar der Wahrheit, aber ich habe Angst, dass das Gericht Frau Schuster für befangen hält, weil diese Informationen von uns Adoptionspflegeeltern kommen. „Sie haben ja von meinen Jugendamtskolleginnen schon gehört, dass die leibliche Mutter jede Therapie und Förderung des Kindes verweigert hat. Dafür sorgen jetzt die Adoptionspflegeeltern. Ich habe Ihnen ein paar Fotos aus einem Marokko-Urlaub der Adoptionspflegefamilie mitgebracht, damit Sie sehen können, wie Subaia heute aussieht." Frau Schuster hatte uns vor dem Prozess um Bilder gebeten. Jetzt steht sie auf und macht mit ihnen die Runde. Interessiert beugen sich die Gerichtsvorsitzenden und der Staatsanwalt über einige Fotos, die während unseres Urlaubs vor wenigen Monaten entstanden sind. Als Frau Schuster bei der Verteidigerin ankommt, bemerke ich, wie Subaias Mutter den Kopf hebt, um ebenfalls einen Blick auf die Bilder ihrer Tochter zu werfen. „Das Kind hat sich in seiner neuen Familie extrem weiterentwickelt", sagt Frau Schuster betont, bevor sie aus dem Zeugenstand entlassen wird.

Wir sind erleichtert, als der Richter eine Verhandlungspause ausruft. Alle strömen auf den Flur. „Kommen Sie, dort steht der Professor, ich stelle Sie vor", sagt Frau Schuster. Bevor wir uns in Gang setzen können, kommt der Gerichtsmediziner auf uns zu.

„Sie sind sicher die Adoptionspflegeeltern. Wie schön, dass Subaia bei Ihnen eine Familie gefunden hat", sagt er mit einem warmherzigen Lächeln und drückt uns die Hand. „Subaias Geschichte hat mich damals sehr berührt. Ich wollte immer schon wissen, was aus dem Kind geworden ist. Hier ist meine Karte. Wenn Sie Fragen haben, rufen Sie mich an.“

„Danke“, sagt Simon lächelnd und nimmt die Visitenkarte entgegen. Der Professor nickt uns zu und geht wieder in den Saal. Wir wollen uns auch gerade aufmachen, da taucht plötzlich Subaias Mutter mit ihrer Mutter im Schlepptau vor uns auf. „Also, dass Sie mit meiner Tochter nach Marokko gereist sind, finde ich unverantwortlich“ sagt sie. „Man hätte Ihnen Subaia dort auch einfach wegnehmen können. Ihr Vater hat viel Einfluss in seinem Heimatland. Dort gelten andere Gesetze, auch Grenzbeamte sind bestechlich. Und mir hat ihr Vater einmal gesagt, dass er Sie umbringen würde, wenn er wüsste, wo und wer Sie sind.“

Wie bitte? Das hat uns noch niemand gesagt. Ich atme tief durch: Das kann ich nicht glauben. Zudem uns Subaias Vater ja erst einmal finden müsste. Oder kann das stimmen? Droht uns Gefahr? Ich sehe in Frau Schusters Gesicht. Nehmen Sie das alles mal nicht so ernst, sagt ihre Miene. „Entschuldigen Sie bitte. Das wussten wir nicht. Wir versprechen Ihnen, gut auf Subaia zu achten“, antworte ich Subaias Mutter sehr überlegt. Auf Konfrontation bin ich nicht aus. Die beiden Frauen drehen sich um und gehen in den Gerichtssaal zurück. Frau Schuster legt mir die Hand auf den Arm. „Dass Ihnen Subaias Vater ans Leder will, kann ich mir irgendwie nicht so richtig vorstellen. Aber es handelt sich ja um eine Inkognito-Adoption. Und beim Einwohnermeldeamt hatten wir eine Auskunftssperre veranlasst, als Subaia zu Ihnen kam, das wissen Sie ja. Kommen Sie, wir gehen wieder rein.“

Die Verhandlung geht weiter. Eine Nachbarin der Angeklagten wird von zwei Polizeibeamten in den Gerichtssaal gebracht. Sie war eine Zeit lang mit Subaias Mutter befreundet. Die junge Frau hat damals dafür gesorgt, dass die Jugendamtsmitarbeiterinnen nach Subaia schauten und bei der Polizei ausgesagt. Drei Jahre nach ihrer polizeilichen Aussage war sie aber offenbar nicht mehr bereit, der Ladung des Gerichts zu folgen. Die Polizei hat sie und ihre Kinder am Morgen aus den Betten geholt und führt die Mutter jetzt dem Richter vor. Die unfreiwillige Zeugin wechselt einen kurzen unfreundlichen Blick mit der Angeklagten. Nach aktueller Freundschaft sieht das nicht aus, denke ich.

„Dann erzählen Sie mal“, fordert sie der Richter auf. Doch jetzt, vor Gericht, kann sich die Frau plötzlich an nichts mehr erinnern. „Das ist doch schon so lange her“, sagt sie und wirkt fast gelangweilt.

„Dann will ich Ihnen mal auf die Sprünge helfen“, sagt der Richter. „In den polizeilichen Vernehmungen haben Sie damals Folgendes angegeben: An jenem besagten Tag hatten Sie selbst als Klientin im Jugendamt einen Termin und gaben dort an, Sie würden sich Sorgen um ein Kind namens Subaia in der Nachbarschaft machen. Sie hätten gesehen, dass die Mutter das Mädchen auch in der Öffentlichkeit schlägt. Auch die große Schwester Ina dürfe ungestraft Subaia schlagen. Außerdem hätten Sie beobachtet, dass die Mutter das Kind die Treppe hinuntergestoßen habe. Sie würde das Mädchen auch häufig in der Wohnung alleine lassen. Der Vater sei hingegen sehr liebevoll mit seiner Tochter umgegangen. Sie könnten sich nicht vorstellen, dass er Subaia schlägt, dass er die Mutter schlägt hingegen schon. So, und jetzt sind Sie dran.“

„Schon gut“, sagt die Frau und beginnt zu erzählen: „Kurz vor Inas Geburtstag haben wir uns kennengelernt. Ihre Mutter hatte den halben Ort eingeladen. Letztendlich sind wir aber alle zu Hause geblieben, weil das Geld vom Sozialamt nicht rechtzeitig einging. Später habe ich festgestellt, dass die Subaia dauernd neue Verletzungen hatte. Immer mal wieder eine aufgeplatzte Lippe, ein blaues Auge, blaue Flecken im Gesicht, am Arm, am Bein. Einmal hatten die Mädchen Läuse. Die Ina hat ein Läuse-Shampoo bekommen. Die Subaia wurde mit einer ganzen Flasche purem Essig gewaschen. Normalerweise gibt man zwei bis drei Esslöffel ins Wasser. Die Subaia hat den Essig unverdünnt über den Kopf geschüttet bekommen. Ich sollte sie festhalten, weil sie so geschrien hat. Ich wollte nicht, dass sie mit dem Essig gewaschen wird und habe versucht, die Mutter davon abzuhalten. Sie hat mich angeschrien: ‚Lass mich in Ruhe. Die wird jetzt gewaschen. Die hat Läuse.' Das mit der Treppe hat mir die Mutter selbst erzählt. Sie wollte wohl ihr schlechtes Gewissen beruhigen. Ich habe nur gesehen, wie sie die Subaia immer auf den Mund und ins Gesicht geschlagen hat, so mit der flachen Hand. Einmal hatte Subaia schon geschlafen und wollte aus dem Bett raus. Die Mutter wollte, dass sie weiterschläft. Es war schon später Nachmittag. Weil die Subaia gejammert hat und rauswollte, hat die Mutter sie geschlagen, wieder ins Gesicht. Die Rollläden wurden runtergelassen, alles dunkel gemacht. Das Kind hat dann ganz gerade im Bett gelegen. Normalerweise versuchen Kinder dann wieder aufzustehen. Aber Subaia hat nur regungslos im Bett gelegen und geweint. Ich weiß auch, dass die Ina in ihrem Hort erzählte, ihre Mutter habe Subaia den Arm gebrochen. Vielleicht ist das nur ein Gerücht, zutrauen würde ich es der Mutter aber. Jedenfalls ist sie mit Subaias Armbruch sehr kalt umgegangen, sie ist nicht mit ihr zur Nachsorge gegangen. Dann hat sie den Gips abgerissen und den Arm bewegt. Die Kleine hatte danach bestimmt eine Woche lang Schmerzen. Die Mutter hat immer wieder gesagt, Subaia sei hässlich. Jedes Mal, wenn das Kind vorbeilief, kam der Spruch: ‚Geh weg. Du bist so hässlich.' Sie findet es auch hässlich, dass Subaia Locken hat. Ich habe der Kleinen dann so eine pludrige Mütze gekauft, damit die Mutter nicht so viel an ihr auszusetzen hat. Die Mutter hat sich ja eher einen Jungen gewünscht. Damals war sie ja wieder schwanger, hat dann später aber noch ein Mädchen gekriegt. Ich weiß auch, dass die Mutter die Subaia immer allein ließ. Das wusste bei uns in der Nachbarschaft fast jeder. Mehrfach war sie bei mir zum Kaffeetrinken. Die Ina hat sie mitgebracht. Ich habe gefragt, wo die Subaia ist. Und sie sagte: ‚Zu Hause.' Nach einiger Zeit fragte ich, ob wir die Kleine nicht holen sollten. Sie wollte nicht. Auf gutes Zureden von mir sind wir dann doch gegangen. Die Subaia hat hinter der

Tür gestanden und gesagt: ‚Mama'. Bewegt hat sie sich nicht. Sie war nicht so agil wie andere Kinder. Ich glaube, sie hat sich nicht getraut, sich zu bewegen, weil sie dann gleich wieder Schläge gekriegt hat. Ich habe der Mutter angeboten, auf die Kinder aufzupassen. Zwei Mal hat sie mein Angebot angenommen. Dann ist sie weggegangen, um was zum Rauchen zu holen. Sie raucht täglich Haschisch."

„Kennen Sie auch Subaias Vater?", fragt der Richter.

„Eigentlich nicht. Zwei Mal habe ich ihn auf dem Spielplatz gesehen. Da war er ganz liebevoll zu ihr. Er hat ihr immer Küsschen gegeben. Es machte die Mutter eifersüchtig, dass er so liebevoll mit dem Kind umging. Die Subaia war ihm gegenüber sehr zutraulich. Da war die Mutter abgemeldet."

„Hat Ihnen Subaias Mutter schon einmal erzählt, dass der Vater seine Tochter schlägt?"

„Nein, so etwas hat sie mir nie erzählt. Ich will noch sagen, dass die Subaia psychisch, seelisch total eingeschüchtert war. Sie wäre von Natur aus schon ein wilderes Kind gewesen, hat sich aber nicht getraut. Wenn ich gesagt habe ‚Komm mal her', dann guckte sie nur ihre Mutter mit großen Augen an. Sie zitterte und stand ganz regungslos da. Dass es ihr seelisch so schlecht ging, tat mir am meisten leid."

Während der gesamten Aussage der jungen Frau war kein Geräusch im Saal zu hören. Man hätte eine Feder fallen hören können. Ich löse mich aus der Erstarrung. Simon sitzt noch ganz verkrampft seinem Stuhl. „Das alles ist außerhalb meiner Vorstellungskraft", flüstere ich.

„Das kannst du laut sagen", erwidert er traurig.

Am Ende des zweiten Prozesstags wird Subaias Mutter unter Berücksichtigung ihres Einverständnisses zur Adoption wegen „Misshandlung Schutzbefohlener in sieben Fällen durch Unterlassung" zu einer Gesamtfreiheitsstrafe von zwei Jahren verurteilt. Die Vollstreckung wird zur Bewährung ausgesetzt. Die anderen Misshandlungen werden bis heute Subaias Vater zur Last gelegt. Was damals wirklich passiert ist und inwieweit ihr Erzeuger darin verstrickt war, werden wir vermutlich nie erfahren. Subaias Vater ist immer noch auf der Flucht.

Professor Peschke verlässt erst am Ende des Prozesstages den Gerichtssaal. Wenig später schicken wir ihm aktuelle Fotos von Subaia und bedanken uns für sein offenes Entgegenkommen. Simon und ich sind bis heute gerührt über sein Engagement. Die Berichte über das Geschehene waren erschreckend, aber es war schön zu erfahren, dass sich auch schon in früheren Zeiten Menschen um unsere Tochter gesorgt haben. Aufgrund des Prozesses haben wir jetzt eine Menge Zeitungsberichte und Unterlagen, in denen unsere erwachsene Tochter später die Ereignisse nachlesen könnte. Wir wünschen ihr diese Erfahrung nicht. „Lieber würde ich alles aufschreiben, damit sie es mit meinen Worten erzählt bekommt“, sage ich zu Simon.

„Keine schlechte Idee“, antwortet er. Es sollten drei Jahre vergehen, bis ich meine Idee in die Tat umsetze.

Erst einmal beginnt eine Zeit des Wartens und Bangens. Immer wieder rufen wir beim Jugendamt an. Subaias Mutter erscheint auch nach mehrmaliger Aufforderung nicht beim Notar, um die Adoptionspapiere zu unterschreiben. Simon und ich sind mit den Nerven am Ende.

„Ich kann ja verstehen, wie schwer ihr dieser Schritt fällt. Was auch immer sie getan hat, es muss unglaublich hart sein, sein Kind abzugeben“, sage ich weinend. Aber was wird mit Subaia, was mit uns? Die leibliche Mutter hat schon so viel zerstört. Subaia und wir tragen die Folgen. „Liegt ihr denn gar nichts daran, ihrer Tochter eine Zukunft zu geben?“, frage ich Frau Schuster.

„Für Subaias Mutter ist die Freigabe zur Adoption ein Schuldeingeständnis sich selbst gegenüber, das haben Sie ja selbst schon erkannt. Aber sie wird unterschreiben“, antwortet sie. „Ich gehe davon aus, dass sie nicht ins Gefängnis möchte.“

Genau das ist es ja. So sehr ich mich über ihre Bereitschaft gefreut habe, sie war erzwungen. Daran hängen ihre Gefängnisstrafe und der Verlust der beiden Töchter, die noch bei ihr leben. „Immerhin waren nicht wir es, die Subaias Mutter zu dieser Entscheidung genötigt haben", sagt Simon. Schließlich reagiert die Staatsanwaltschaft und kündigt an, Berufung einzulegen. Damit riskiert Subaias Mutter eine weitaus höhere Strafe. Kurz darauf unterschreibt sie die Einwilligung zur Adoption.

Eine besondere Familie

Nach dem Prozess und Subaias Adoption haben Simon und ich das Gefühl, dass für uns ein neues Zeitalter beginnt. Als ich Subaias neue Geburtsurkunde zum ersten Mal in den Händen halte, muss ich vor Freude fast weinen. Unser freches kleines Mädchen ist laut den Papieren endlich unsere leibliche Tochter. Niemand kann sie uns wegnehmen. Unser Familienleben ist legalisiert. Die Schwierigkeiten gehen jedoch weiter.

Denn Subaia bleibt Subaia, mit all ihren Traumatisierungen und den damit verbundenen Problemen. „Was haben wir auch erwartet?", frage ich Simon. „Wir dürfen uns jetzt auf der sicheren Seite fühlen, unsere Tochter kann das nicht."

Der Tatsache, dass wir eine Familie sind, misstraut sie weiterhin. „Liebt ihr mich?", fragt sie unentwegt, was wir selbstverständlich lächelnd bejahen, während wir innerlich seufzen. Denn wir wissen schon was folgt. „Warum?", fragt unser Kind mit einem schrägen Augenaufschlag.

„Subaia, du bist unsere süße Maus und wir lieben dich, weil wir deine Eltern sind."

„Meine Babymama hat mich aber nicht lieb gehabt."

„Mein Schatz, deine erste Mama hat nicht gelernt, Kinder lieb zu haben, weil es ihr als Kind selbst schlecht ging und ihre Eltern nicht gut für sie gesorgt haben. Weil sie nicht lieb zu dir war, durfte sie dich ja auch nicht behalten. Jetzt bist du bei uns und wir werden dich immer lieb haben."

„Bis zum Mond und zu den Sternen?"

„Und drei Mal drum herum und wieder zurück."

„Aber warum liebt ihr mich ..."

Unser Leben hat Höhen und Tiefen. Wenn ich mit meiner Tochter in den Spielpark gehe, muss ich aufpassen wie ein Schießhund, dass es keinen Ärger gibt. „Sie wirft sich immer ausgerechnet allen an den Hals, die ihr nicht guttun“, jammere ich Simon vor. An diesem Tag war Subaia auf dem Spielplatz auf eine Gruppe größerer Jungs gestoßen. Ich beobachtete mit gemischten Gefühlen, wie mein kleines Mädchen versuchte Freundschaft zu schließen und beschloss Distanz zu wahren, mich nicht einzumischen. „Hose runter“, riefen die Jungs plötzlich und kreischten vergnügt, als Subaia Folge leistete, um ihren neuen Spielkameraden zu gefallen. Bestürzt griff ich ein. „Subaia, zieh die Hose hoch, das darfst du nicht machen. Erinnerst du dich: Dein Körper gehört dir. Die Jungs machen sich über dich lustig, wenn du ihnen deinen Po zeigst. Sag nein, wenn sie so etwas von dir verlangen.“ Die Jungen waren kaum zwei Jahre älter als meine inzwischen sechsjährige Tochter. Ich kann sie nicht maßregeln, ihr Interesse, zu dominieren, nicht verurteilen. Ich redete und redete. „Aber Mama, sie wollen doch mit mir spielen, meine Freunde sein“, entgegnete Subaia.

„Das sind keine echten Freunde, wenn sie von dir verlangen, dass du dich nackig machst und über dich lachen“, sagte ich – obwohl ich natürlich wusste, dass die vermeintlich guten Kumpels mehr zählen als die meckernde Mama. Applaus wiegt mehr als Kritik.

Wieder kommt mir in den Sinn, dass es in ihrer frühen Kindheit vermutlich sexuelle Übergriffe gab. Andere Kinder in ihrem Alter sind schamhaft, zeigen sich nicht mehr gerne. Subaia gibt immer alles von sich preis. Und sie ist nicht mehr das Kleinkind, bei dem Außenstehende darüber hinwegsehen, wenn es die Hose herunter lässt.

Aber auch Subaia manipuliert auf unangenehme Weise andere Kinder. Wenn sie mit ihrem besten Freund Lino in den Park geht, ist unsere Tochter aufgrund seines Downsyndroms die Stärkere. „Sag mal ein Schimpfwort zu der Frau“, intoniert sie und deutet auf eine entgegenkommende Mutter. Oder: „Hau die Frau dort mal.“ Dann möchte Lino seiner liebsten Freundin gefallen und tut mit

Freude wie ihm befohlen. Den Ärger hat Subaia für sich gepachtet, denn Linos Behinderung ist augenscheinlich. Wieder und wieder kommen wütende Mütter auf mich zu und beschweren sich über mein unmögliches Kind. „Ich habe gar nichts gemacht, der Lino war's", tönt unsere Tochter und stößt auf allgemeines elterliches Unverständnis. Ich predige und predige. Für Subaia zählt das Recht des Stärkeren. Und mein frühgeborenes und misshandeltes Kind hat Bärenkräfte.

Wenn ich ankündige, dass ich sie jetzt von Lino trenne und es nach Hause geht, sträubt sie sich wie eine Wahnsinnige. Dann bin ich gezwungen, das tobende Kind vom Spielplatz zu ziehen. Erst wenn wir außer Linos Reichweite sind, wird Subaia plötzlich ganz klein und zahm. Inzwischen weint sie und jammert: „Gib mir noch eine Chance, Mama." Wie viele Chancen soll ich dir eigentlich noch geben, Kind, seufze ich innerlich erschöpft.

„Es ist, als wenn sie allen Zeugen solcher Szenen zeigen will, dass sie stärker ist als ich. Die Blicke der anderen Eltern solltest du mal sehen. Vermutlich gelten wir in unserem Viertel längst als asoziale Familie", berichte ich Simon resigniert und weiß noch gar nicht, wie recht ich behalten würde. „Immerhin kann ich guten Gewissens sagen: Von mir hat sie das nicht", witzele ich.

Aber oft bin ich nahe daran, meinen Humor gänzlich zu verlieren. Jeder Tag birgt schöne, aber mindestens ebenso viele unangenehme Überraschungen. Eigentlich kann ich meine sechsjährige Tochter noch immer nicht aus den Augen lassen. Und doch braucht sie Freiräume. Wenn sie sich aus meinem Blickwinkel entfernt, denke ich manchmal: Lass sie laufen, es wird schon gut gehen. Bis die nächste wütende Person um die Ecke kommt, weil mein Kind wieder einmal Grenzen überschritten hat. Zudem hat Subaia wirklich ein untrügliches Gespür dafür, die Schwächen anderer Menschen zu erkennen und dann den Finger in die Wunde zu legen. Sie schafft es, jeden Erwachsenen zur Weißglut zu bringen. Mich auch. Manchmal fühle ich mich alleine. Wenn Simon abends nach Hause kommt, möchte ich ihm nicht immer gleichlautende Geschichten erzählen. „Subaia hat heute wieder ..." – ich kann mich dann selbst nicht mehr hören.

Auch im Familien- und Freundeskreis stoße ich nicht immer auf Verständnis. „Du, meine Tochter ist zurzeit auch eine ganz schöne Teufelin ...", bekomme ich dann zum Beispiel am Telefon gesagt. Nein danke, ihr seid mir keine echte Hilfe, von niemandem höre ich, dass sein Kind Erwachsene angreift. Und merkwürdigerweise scheuen einige der selbst ernannten Erziehungsprofis davor zurück, sich mit uns als Familie zu treffen, unser Kind ist ihnen zu anstrengend. „Nichts für ungut, aber mein Sohn/meine Tochter möchte nicht so gerne mit Subaia spielen ..." Das tut mitunter weh. Manchmal bin ich auch einfach neidisch, wenn ich erlebe, wie umgänglich die Kinder anderer Leute sind. Zumindest kenne ich in unserem Umfeld kein anderes gleichaltriges Kind, das verbal und tätlich um sich schlägt wie ein hormongesteuerter schwer erziehbarer Teenager und wenig später wie ein Dreijähriges unter dem Küchentisch hockt und mir am Hosenbein zuppelt.

„Oft markiert unsere Tochter die Schwererziehbare, die sich von niemandem etwas sagen lässt. Und im nächsten Moment kann sie zum Kleinkind mutieren", erzähle ich Subaias Kindertherapeutin.

„Ich nehme an, dass eben das ihre innere Zerrissenheit ausdrückt." Frau Burkhardt nickt lächelnd. „Doch warum fällt es Subaia nur so schwer, mit den Bedürfnissen beziehungsweise Bedrängnissen anderer Menschen umzugehen? Wenn ein anderes Kind weint, sagt sie manchmal abfällig: ‚Es ist doch gar nichts Schlimmes passiert. Was soll die Plärrerei?' Das ist für uns Eltern unendlich peinlich."

„Ihre Tochter hat so viel persönliches Leid erfahren, dass sie das Unglück anderer negiert, um sich selber nicht spüren zu müssen", erwidert Frau Burkhardt.

„Aber immer häufiger tröstet Subaia inzwischen auch kleine Spielkameraden oder Erwachsene, denen es nicht gut geht."

„Das freut mich“, sagt die Therapeutin. „Sie sind auf dem besten Weg. Ich wünsche Ihnen und ihrer Tochter alles Gute für die Zukunft.“

Wir haben vor Kurzem beschlossen, die Spieltherapie auslaufen zu lassen, da wir den Eindruck hatten, dass sie bei Subaia nicht mehr greift. In den letzten Stunden bei Frau Burkhardt verhält sich unsere Tochter wie eine Wilde und schlägt sogar nach ihrer Therapeutin. Diese nimmt es gelassen. „Sie sagt, das braucht das Kind, um den Abschied zu verarbeiten“, erzähle ich Simon.

„Erinnerst du dich an Subaias kleine Freundin, die sie während unseres Urlaubs kennengelernt hatte? Ihr gegenüber hat sich unsere Tochter doch auch so grässlich aufgeführt, als es ans Abschiednehmen ging“, erwidert Simon nachdenklich.

Wir erfahren, dass in der kinderpsychiatrischen Praxis von Doktor Gerling eine therapeutische Gruppe zur Förderung sozialer Kompetenz angeboten wird. Dort melden wir Subaia an. In der Gruppe macht sich unsere Tochter ganz gut. Doch sobald sie reizüberflutet ist, müssen wir damit rechnen, dass Subaia auffällig reagiert. Und Simon und ich müssen lernen, mit den Verhaltensauffälligkeiten unserer Tochter zu leben. Es ist auch sehr von unserem eigenen Seelenfrieden abhängig, wie schnell uns Subaia auf die Palme bringen kann. Wir geraten immer mal wieder aneinander, weil sich einer von uns in seiner Elternrolle nicht ernst genommen oder vor Subaia bloßgestellt fühlt. Natürlich hatte unsere Schlawinerin von Anfang an den Bogen raus, wie sich Vater und Mutter gegeneinander ausspielen lassen. Und in mir brodelt es gehörig, wenn das Töchterchen den Papa imitiert und sagt: „Jetzt komm mal runter, Mama.“

„Das kommt davon, dass du so etwas vor ihr zu mir sagst“, werfe ich ihm vor.

Er grinst versöhnlich. „Würde ich zu dir sagen, komm mal mit mir vor die Tür, und du bleibst hier drin, Subaia, würden weder mein Kind noch meine Frau auf mich hören.“ Wo er recht hat, hat er recht.

Aber auch das ist unsere Tochter: Wenn Subaia Situationen mitbekommt, in denen wir Eltern uneins sind, führt sie uns wieder zusammen. Denn dann packt sie uns beide und sagt: „Los, Dreierkuss!“ Aber ich habe trotzdem immer häufiger Angst, dass wir uns als Paar verlieren.

Simon kommt seit Subaias Ankunft früher nach Hause als in unserer kinderlosen Zeit, um unsere Tochter am Abend zu sehen und ihr Gutenachtgeschichten vorzulesen. Dennoch steht unsere Ehe immer mal wieder auf dem Prüfstand, seitdem wir unsere Liebe dritteln. Zuvor war es mir kaum aufgefallen, dass Simon häufig bis abends spät oder auch am Wochenende gearbeitet hat. Wie auch: Schließlich war ich als Bühnenkünstlerin selbst in den Abendstunden unterwegs. Seit Subaias Ankunft kochen meine beruflichen Ambitionen auf Sparflamme. Nach sieben Jahren Zusammenarbeit hat sich meine Band endgültig aufgelöst. Ich war als Mutter nicht mehr flexibel genug, wir konnten nicht mehr touren und den Musikern fehlte die finanzielle Grundlage. Nur mein Liedprogramm für Kinder hält meinen familiären Gegebenheiten stand. Allerdings spiele ich es vorrangig vor der eigenen Haustür. Selbst wenn ich Subaia mitnehme, brauche ich einen Aufpasser. Sogar wenn sie unter Kindern vor der Bühne sitzt, kann ich meine Tochter unmöglich sich selbst überlassen und mich auf mein Programm konzentrieren.

Ich mutiere gegen meinen Willen zur unzufriedenen und nörgelnden Ehefrau. Da ich früh selbstständig war und mein eigenes Geld verdiente, hatte ich in jungen Jahren wenig Verständnis für das Hausfrauenleben. Jetzt finde ich, dass kein Job so anspruchsvoll ist wie das Eltern-Dasein. Subaia braucht eben viel Zuwendung und hat auch nachmittags Termine, für die das Mama-Taxi benötigt wird. Und ich habe Angst, den Anschluss zu verlieren, schließlich werde auch ich nicht jünger. Nicht ganz einfach ist auch, dass ich als Schauspielerin und Sängerin gewissermaßen ‚erfolgsverwöhnt‘ war, da ich ja Applaus bekam. Für mein heutiges Engagement als Mutter werde ich weniger beklatscht, eher ist – wie bereits beschrieben – das Gegenteil der Fall. Andererseits bin ich, wie viele andere Eltern, inzwischen abends auch einfach nur müde und kann mir manchmal kaum noch vorstellen, mich auf einer Bühne auszutoben. Stattdessen liege ich zu Hause auf dem Sofa und schlafe mit Beginn des abendlichen Fernsehfilms ein.

Manchmal gehe ich aber auch aus dem Haus, wenn Simon unsere Tochter ins Bett bringt. Nach einem Tag mit Subaia möchte ich auch mal unter Erwachsenen sein, nicht über Kindererziehung reden müssen. Mich ein bisschen so fühlen wie früher, als ich jeden Abend in unserem kleinen Theater verbrachte, das Leben um mich herum genoss. Aber Simon möchte Ruhe und Entspannung und einer von uns muss ja auch zu Hause bleiben. Meistens liest er Zeitung und sieht sich die Börsennachrichten an.

Ich bin unausgeglichen, weil ich gerne mehr auf der Bühne stehen würde. Simon ist unglücklich, weil ich häufiger für mich sein will. Für romantische Abende auf dem Sofa fehlt mir die Energie. Geknutscht wird am Tag – mit meiner Tochter. Ich bin ausgelaugt, nicht meine Liebe zu Simon kommt zu kurz, aber die Liebe mit ihm. Es ist schwer, ihm meine Gefühle verständlich zu machen. Wenn ich mich Simon widme, beobachte ich mit einem Auge die Schlafzimmertür, mein Kind ist immer präsent. So geht es auch anderen Eltern, das weiß ich.

Schließlich entscheiden wir, dass es so nicht weitergehen kann. Wir gehen zur Beratungsstunde eines therapeutischen Instituts, um uns als Eltern und als Paar zu stärken. Mit einer dritten Person fällt das Reden leichter. Wir lernen, dass wir Hilfe brauchen, um unsere Zweisamkeit wieder zu entdecken. Und viel Geduld, auch mit den Schwächen des Partners. Wenn ich emotional sehr am Boden bin, erinnere ich mich immer mal wieder daran, wie unbeschwert unser Leben zu zweit war. Sehe ich aber in Subaias lustiges und liebenswertes Gesicht, sind diese Gedanken wie weggeblasen. Das Leben mit Kind verändert vieles. Denke ich dann an Achim und den Verlust seiner Tochter Johanna, schäme ich mich für meine Gedanken und drücke mein besonderes Kind.

Wenn wir uns jetzt etwas zum Geburtstag wünschen, sind es Gutscheine zur Kinderbetreuung von unseren Freunden. Das Weggehen fällt trotzdem schwer, weil Subaia weiterhin große Verlustängste hat. Sie hat keinerlei Probleme bei Lino oder ihren Paten zu übernachten. Zu Hause ist jeder Babysitter willkommen. Aber außer Papa und Mama darf sie niemand ins Bett bringen. „Das verstehe ich nicht, mein Schatz", sage ich zu meinem Kind und raufe mir heimlich die Haare. „Wenn du bei Lino übernachtest, schläfst du doch auch ein." Die Antwort beweist mir mal wieder Subaias erstaunliche Art der Selbstreflexion: „Wenn ich bei Lino übernachte, weiß ich ja, dass ihr zu Hause seid. Wenn ihr von zu Hause weg seid, habe ich Angst, dass ihr nicht wiederkommt."

„Und dann lässt du dich nicht ins Bett bringen, weil du dich überzeugen willst, dass wir wiederkommen?", frage ich gerührt nach.

„Genau, deshalb mache ich die Augen nicht zu", erwidert mein kleines Mädchen und kuschelt sich in meine Arme.

Glücklicherweise tritt kurz darauf Oma Gerda in unser Leben. Meine Mutter kommt zu Besuch und hat eine alte Freundin im Schlepptau. „Das ist Gerda. Sie wohnt gar nicht weit von euch weg. Wir haben uns als Kinder kennengelernt, als wir Kriegsflüchtlinge in ihrem Dorf untergebracht waren. Gerda war die Tochter des Dorflehrers und sie hat mich damals immer beschützt. Nachdem wir beide geheiratet hatten und Mütter wurden, verloren wir uns aus den Augen. Seit einiger Zeit haben wir wieder Kontakt." Gerda ist eine patente ältere Dame mit burschikosem Kurzhaarschnitt und pädagogischem Feingefühl. Sie war Grundschullehrerin. Eine Viertelstunde später sitzt meine Mutter auf einem Küchenstuhl und blättert in Zeitschriften und Gerda sitzt im Kinderzimmer mit Subaia auf ihrem Schoß. „Es war Liebe auf den ersten Blick", flüstere ich Simon zu, als er nach Hause kommt und erstaunt die fremde Frau auf dem Kinderstühlchen registriert.

„Bei mir auch“, gesteht er nach längerer Beobachtungsphase lächelnd.

Seitdem gehört Oma Gerda zu unserem Leben. Wir verbringen oft Zeit miteinander und fahren einmal im Jahr zusammen in den Urlaub. „Wir haben die beste Oma der Welt adoptiert“, sagt Subaia oft. Unbestritten. Gerda ist uns eine Riesenstütze. Manchmal holt sie unsere Tochter vom Kinderladen ab. Und wir haben eine Schulter gefunden, an der wir uns ausheulen können.

Spurensuche

Ein Theaterkollege, der auch als Clowndoktor in Krankenhäusern unterwegs ist, berichtet uns, dass er im Schwesternzimmer einer Kinderstation Fotos von unserer Tochter gesehen hat. Diese Bilder würde ich auch gerne sehen. Sie müssen entstanden sein, nachdem Subaia aus ihrer Familie kam und wegen ihrer Verletzungen einen Monat in der Klinik verbracht hat.

„Was meinst du, sollen wir uns dort mal melden? Vielleicht kann sich noch jemand an unser Kind erinnern", fragt mich Simon.

„Das machen wir", antworte ich begeistert. In dieser Klinik ist Subaia auch zur Welt gekommen, hatte als Frühchen vier Monate auf der Kinderstation gelegen. Da wir von ihrer Mutter keine Babyfotos bekommen, wäre es für sie bestimmt spannend, den Ort ihrer Geburt zu besichtigen.

Am nächsten Morgen rufe ich bei der Sekretärin des Chefarztes an und stelle mich als Adoptivmutter eines Kindes vor, dass vor mehr als drei Jahren Patientin war. Kaum habe ich den Namen unserer Tochter erwähnt, sagt sie wie aus der Pistole geschossen: „Natürlich erinnere ich mich an Subaia. Uns alle hat ihr Fall damals sehr mitgenommen. Was halten Sie davon, uns auf der Kinderstation zu besuchen? Ich denke, dass mein Chef, die damals behandelnden Ärzte und das Pflegepersonal Subaia sehr gerne wiedersehen würden." Mich rührt ihre warmherzige Reaktion und ich sage mit Freude zu. Wir machen einen Termin aus.

Ich frage Subaia, was sie davon hält, die Menschen im Krankenhaus zu besuchen, die sich früher um sie gekümmert haben und stoße auf Begeisterung. Als es soweit ist, finden wir auf der Kinderstation zwei Ärzte und vier Krankenschwestern vor, die sich eigens für unseren Besuch Zeit genommen haben, teilweise sogar extra in ihrer Freizeit ins Krankenhaus gekommen sind. „Ein Arzt kommt extra vorbei und auch eine der Schwestern hat sich auf dem Dienstplan eintragen lassen, um Subaia nicht zu verpassen", hat mir die Sekretärin des Professors am Telefon berichtet. Alle empfangen uns strahlend und neugierig. Unsere Tochter weicht im ersten Moment zurück und drückt sich an mich. „Du kannst dich sicherlich nicht an uns erinnern. Aber wir freuen uns sehr, dich wiederzusehen, Subaia. Wenn du willst, zeige ich dir das Zimmer, in dem du als Dreijährige gelegen hast und auch die Frühgeborenen-Station, wo du als Baby warst", sagt einer der beiden Kinderärzte und streckt unserer Tochter die Hand entgegen. Im Handumdrehen löst sich Subaia von mir und ergreift seine Hand. Ohne sich nach uns umzudrehen, ist sie verschwunden. „Kommen Sie doch bitte mit ins Schwesternzimmer", schlägt der andere Arzt vor. „Dort können wir uns in Ruhe unterhalten." Wir folgen ihm und zwei Schwestern. „Wir schauen später rein", rufen uns die Kolleginnen der beiden zu. Im Zimmer angekommen, stupse ich Simon in die Seite. „Schau mal auf die Wand", sage ich leise. Auf zwei Din-A4-Bögen verteilt prangen ein Dutzend Fotos von unserer Tochter. Subaia auf dem Arm eines Arztes, auf dem Schoß von verschiedenen Schwestern, schlafend im Gitterbettchen – Bilder eines lockigen, heftig schielenden, fröhlichen kleinen Mädchens aus früheren Tagen. Der freundliche Arzt ist unserem Blick gefolgt. „Die Fotomontage hat eine Krankenschwester zusammengestellt. Sie hing sehr an Subaia und hätte sie am liebsten adoptiert, wenn das möglich gewesen wäre. Leider arbeitet die Kollegin nicht mehr bei uns. Sie hätte ihre Tochter bestimmt gerne gesehen." Davon hatte uns auch Frau Klein erzählt. Schade, denke ich. Ich hätte sie auch gerne kennengelernt. „Als Subaia zu uns kam, war sie ein verstörtes kleines Mädchen, das sich von niemandem anfassen ließ", setzt der Mediziner fort. „Aber bereits wenige Tage später fing sie an fröhlich zu plappern und unsere Station ganz schön auf Trab zu halten."

„Wir alle haben sie häufig ins Schwesternzimmer geholt", erklärt eine der Krankenschwestern lächelnd. „Subaia bekam ja keinen Besuch von ihrer Familie. Ab und zu schaute jemand vom Jugendamt nach ihr.“

Eine gute Dreiviertelstunde lang erzählen der Arzt und die Schwestern aus Subaias Krankenhauszeit und beantworten unsere Fragen. Die beiden diensthabenden Pflegerinnen wechseln mit den zwei Kolleginnen ab, die uns und unserem Kind ihre Freizeit geopfert haben. Alle haben sich so sehr um dieses kleines Mädchen bemüht, denke ich gerührt. Auch für diese Menschen war sie etwas Besonderes.

Plötzlich fliegt die Tür des Schwesternzimmers auf und Subaia kommt hereingestürzt. „Mama, stell dir vor: Der Doktor und ich haben auf der Frühgeborenen-Station kein einziges Baby gefunden, dass so klein ist wie ich damals.“

„Natürlich gibt es auch leichtere Frühchen als dich mit deinen 730 Gramm, aber eben sehr selten“, ergänzt der Arzt hinter ihr amüsiert. „So, und jetzt müssen meine Kollegen und ich leider weiterarbeiten. Aber du sollst noch beim Professor und seiner Sekretärin vorbeischauen, Subaia. Auch sie wollen dich unbedingt wiedersehen.“

„Ich habe noch eine Frage“, sage ich vorsichtig. „Wir haben nur zwei Bilder aus Subaias früherer Zeit. Gibt es die Möglichkeit, eine Kopie dieser Fotos zu bekommen?“

„Wir werden sehen, was sich machen lässt.“

Wenig später schickt uns einer der Ärzte die Fotomontage aus dem Schwesternzimmer per Post. Seitdem hängt sie Subaias Zimmer. „Ich glaube, Subaias Besuch war auch für die Beteiligten im Krankenhaus immens wichtig. Jetzt wissen sie, dass es ihr gut geht und können dadurch mit ihrer Geschichte abschließen“, sage ich später zu Simon. „Hast du eigentlich bemerkt, dass im Schwesternzimmer keine Kinderfotos außer denen von Subaia zu finden waren?“

„Auf jeden Fall können wir uns jetzt erklären, warum unser Kind keine Scheu vor Ärzten und Krankenhäusern hat und sich dort immer so gut aufgehoben fühlt“, gibt er grinsend zurück.

Auch nach der Adoption sind wir mit Frau Schuster in Kontakt geblieben. Subaia freut sich, wenn sie unseren „Klapperstorch", wie wir sie manchmal scherzhaft nennen, zu Gesicht bekommt. Leider darf unsere ehemalige Adoptionsvermittlerin keine Auskunft darüber geben, wie es Subaias beiden Schwestern inzwischen ergangen ist. Vor einiger Zeit haben wir aus anderer Quelle zufällig erfahren, dass die Mädchen nicht mehr bei der leiblichen Mutter leben. Nach vier Jahren Familienhilfe hatte sich Ina an die Familienhelferin gewandt und berichtet, die Mama habe sie geohrfeigt. Seitdem lebten die Schwestern offenbar voneinander getrennt in Kinderheimen. Die Kleine gilt ebenso wie Ina als extrem verhaltensauffällig. Leider ist uns ein Kontakt zu beiden nicht möglich und wir bekommen auch keine weiteren Informationen. Es macht uns sehr betroffen, dass vor allem die kleine Schwester, die ja erst geboren wurde, nachdem Subaia aus der Familie geholt worden war, nie die Chance auf ein harmonisches Familienleben hatte.

Nach dieser Information ringe ich einige Zeit mit mir, ob es nicht sinnvoll wäre, Subaias kleine Schwester bei uns aufzunehmen. Dann hätte unsere Tochter ihre leibliche Schwester bei sich und auch dieses Mädchen könnte in einer Familie aufwachsen. Bei Ina würde ich mich das nicht trauen, sie ist einfach schon zu groß, ich fühle mich ihr nicht gewachsen und hätte Angst um Subaias Entwicklung. Simon kann sich gar nicht für die Idee erwärmen, die kleine Schwester zu uns zu holen. Er weiß ja bereits was es bedeutet, ein traumatisiertes Kind zu haben. Auch Frau Schuster holt mich auf den Boden der Tatsachen zurück: „Die beiden Mädchen kennen sich ja nicht einmal und wenn überhaupt wäre nur ein Pflegschaftsstatus möglich. Damit würden Sie Subaia zum Kontakt mit ihrer leiblichen Mutter nötigen."

Schweren Herzens nehme ich Abschied von der Idee, die beiden Schwestern zu vereinen. Und akzeptiere die Tatsache, dass Subaia als Einzelkind aufwachsen wird. Denn auch wenn wir ein zweites

Kind aufnehmen könnten, würde es sich um eine Pflegschaft handeln, für eine Adoption sind wir jetzt zu alt. Und dann wäre es für Subaia vermutlich sehr schwer, dass ihr Geschwisterkind Kontakt zu seiner Herkunftsfamilie hätte. Sie ist ein besonderes Kind, aber eine Sonderstellung innerhalb unserer Familie wollen wir ihr nicht zumuten. Außerdem bezweifelt Simon weiterhin heftig, dass wir einer solchen Herausforderung gewachsen sind. Subaia braucht unsere ungeteilte Liebe.

Subaias zwei Jahre älteren Bruder Leon haben wir ein Mal in seiner Adoptivfamilie besucht. Die beiden Geschwisterkinder haben sich sehr darüber gefreut, sich kennenzulernen. Leon war ja schon lange vor Subaias Geburt zu seiner neuen Familie gekommen. Ich werde nie vergessen wie Leon Subaia fragte: „Darf ich dich mal in den Arm nehmen?“ Subaia hat eifrig genickt. Dann haben sich die Kinder eine Weile lang ganz fest gehalten. Allerdings haben beide anschließend kein Interesse geäußert, sich wiederzusehen. Und wir Adoptiveltern haben es dabei belassen, weil in der anderen Familie nach Leons Annahme ein leibliches Kind zur Welt gekommen war. Den Eltern war ihre Angst deutlich anzumerken, die kleine Schwester könne eifersüchtig auf unsere Tochter reagieren. Simon und ich glauben, dass es besser ist, wenn Subaia und Leon den Zeitpunkt eines weiteren Treffens selbst bestimmen.

Wir bemühen uns, Subaia zumindest einen Zugang zu ihren kulturellen Wurzeln zu ermöglichen. In den vergangenen Jahren sind wir drei Mal nach Marokko gereist, um unserer Tochter das Heimatland ihres leiblichen Vaters zu zeigen. Subaia ist Halbmarokkanerin und sie sieht auch so aus – nämlich wunderschön. Wir wünschen uns, dass sie stolz auf ihre Abstammung ist und mit ihrem ersten Papa etwas Positives verbindet. Ihr wildes berberisches Temperament hat sie vermutlich von ihm. Auch das macht unser besonderes Kind aus. Und darauf darf sie stolz sein, auch wenn wir sie oft zügeln müssen.

Marokko ist ein Stück Heimat: Niemand spricht uns darauf an, warum Subaia eine solche wilde Mähne hat. Allerdings wundern sich die Menschen manchmal darüber, warum dieses so einheimisch aussehende Kind mit marokkanischem Namen mitsamt deutschen Eltern in ihrem Land auftaucht. Doch glücklicherweise bin ich sprachlich um keine Antwort verlegen. Meistens sage ich einfach nur, der Papa sei Marokkaner. Und Simon erntet anerkennende Blicke als deutscher Stiefvater. Die meisten jüngeren Marokkaner sprechen Französisch, es wird als erste Fremdsprache gelehrt. Aufgrund meiner Französischkenntnisse kann ich mich gut verständigen und meiner kleinen Familie übersetzen. Inzwischen haben wir in Marokko einige Freunde, bei denen wir uns zu Hause fühlen dürfen.

Weil ich lange in Paris gelebt habe, kommen auch häufiger Besucher aus Frankreich zu uns. Subaia ist ganz offensichtlich frankophil und verlangt manchmal, dass ich mit ihr auf Französisch kommuniziere. Allerdings lehnt sie jede Form des Sprachunterrichts ab; den Aufwand möchte unsere kleine Leistungsverweigerin selbst bestimmen. Trotzdem macht es ihr einen Heidenspaß, mit ihren mangelhaften Französischkenntnissen zu jonglieren. Den typisch französischen Akzent beherrscht sie dank ihres Imitationstalents sowieso aus dem Effeff.

„Im Gegensatz zu dir hat deine Tochter überhaupt keine deutsche Färbung“, bekomme ich manchmal von Besuchern zu hören. Ich bemühe mich dann aufrecht, nicht beleidigt zu sein. Simon und ich vermuten, dass Subaias leiblicher Vater seiner Tochter ihr Sprachgefühl mit auf den Weg gegeben hat.

Schulgeschichten

Nach Subaias sechstem Geburtstag erhalten wir eine Einladung von der Schulamtsärztin. Simon und ich sind übereingekommen, dass wir den Besuch einer Vorklasse der Einschulung vorziehen. Auch Doktor Gerling hat uns dazu geraten. Subaia ist einfach noch nicht soweit, sind wir uns einig.

Jetzt gehen wir erst einmal zum Einschulungstest. Im Gegensatz zu meiner Tochter bin ich mächtig aufgeregt. Hoffentlich benimmt sich das Kind einigermaßen, bete ich innerlich. Die Angst, die Ärztin könne statt für eine Vorklasse auf Förderbedarf plädieren, sitzt tief. Wir wollen keinen Förderbedarf, wir möchten dass Subaia alle Chancen auf eine normale schulische Entwicklung hat. Dass Subaia in Testsituationen manchmal retardiert und ein Kleinkind mimt, um sich vor Anforderungen zu schützen, weiß ich ja bereits aus der Zeit der Frühförderung.

Zu meinem großen Erstaunen verhält sich meine Tochter bei der Schulärztin vorbildlich, löst brav alle Testaufgaben und malt ein paar Blätter voll. Und auch die eher burschikos wirkende Amtsärztin scheint begeistert. „Das ist ja unglaublich, was aus dem Mädchen geworden ist", sagt sie plötzlich mit zärtlicher Stimme. Ich sehe sie erstaunt an. „Wissen Sie, ich kenne Subaia aus ihrer Zeit im Kinderheim. Damals hätte ich niemals mit einer solchen Entwicklung gerechnet. Ich freue mich, dass sie bei Ihnen so gut aufgehoben ist. Für mich steht einer Einschulung nichts im Wege."

Oha, eigentlich müsste ich mich ja freuen. „Wir denken aber, dass unsere Tochter noch nicht die Reife dafür hat und denken an den Besuch einer Vorklasse, um ihr mehr Zeit zu lassen."

„Um Gottes Willen, machen Sie das bloß nicht. In einer Vorklasse wäre Subaia hoffnungslos unterfordert", sagt die Ärztin mit einer abwinkenden Handbewegung. „Ich denke, alles ist gesagt", erklärt die Amtsärztin und macht Anstalten, sich zu erheben. „Ach, da fällt mir ein, dass ich mir deine Bilder ja noch gar nicht angeschaut habe, Subaia." Sie greift nach den Malblättern, meine Tochter reckt sich erwartungsvoll und stolz in die Höhe und die Ärztin brummt: „Nun ja, da besteht vielleicht doch noch Handlungsbedarf." Auch ich beuge mich über Subaias Zeichnungen. Sie hat gemalt wie immer: Erst mit bunten Farben, technisch nicht besonders gekonnt, aber mit Inbrunst. Dann nahm sie einen schwarzen Stift und hat alles überkritzelt. Das sei typisch für misshandelte Kinder, hat mir Frau Burkhardt einmal erklärt.

„Ich muss Ihnen recht geben, Subaias Werke sind nicht altersgemäß", sagt die Ärztin. „Eine Vorklasse wäre wohl doch die bessere Lösung." Uff, das wäre geschafft! Ich nehme mein Kind an die Hand und verabschiede mich höflich.

„Tschüss, Subaia. Es hat mich gefreut, dich wiederzusehen", sagt die Ärztin.

„Auf Wiedersehen, du bist sehr nett", erwidert meine Tochter grinsend.

Immer mal wieder werden Simon und ich gefragt, was wir gegen eine Förderschule haben, schließlich würde Subaia dort vielleicht eher gefördert. Wir hingegen finden es persönlich sehr interessant, dass der Begriff Sonderschule in das für uns beschönigende Wort Förderschule abgeändert wurde, erklären wir dann. Wir denken, dass Förderschulen für manche Kinder Sinn machen können, haben aber auch oft den Eindruck, dass viele dorthin abgeschoben werden. Seit Anfang 2009 gibt es eine UN-Konvention sowie einen Inklusionsvertrag für alle Bundesländer, um vor allem behinderte Kinder aus den Förderschulen in die Regelschulen zurück zu integrieren.

In den Ländern, die bei der viel besprochenen PISA-Studie besser abgeschnitten haben, gilt die Integration interessanterweise als großer Indikator für Lernerfolge, auch für erfolgreiche Schüler. Denn das Zusammensein und -lernen ist ein wichtiger Schritt in

Richtung Sozialverhalten, Hilfestellung und Anerkennung, von dem alle Kinder profitieren können.

Voraussetzung für ein solches Modell des „gemeinschaftlichen Lernens“ ist selbstverständlich, dass Kinder mit Schwierigkeiten auch in der Regelschule gesondert begleitet werden. Sonderpädagogen verursachen zusätzliche Kosten, die sich Vater Staat gerne sparen würde. Zumindest ist das mein Eindruck.

Was unsere Tochter betrifft: Sie passt nicht wirklich in eines der Schemata der existierenden Förderschulen. Subaia ist traumatisiert, nicht körperlich oder geistig behindert. Eine Gesellschaft, die so häufig wegschaut, wenn Kinder vernachlässigt oder misshandelt werden, hat nicht das Recht, sie weiterhin auszuschließen, das ist Simons und meine Meinung.

An der für Subaia zuständigen Grundschule gibt es keine Vorklasse, nur die Eingangsstufe. Aber dort wurde Subaia vor einem Jahr nicht genommen. Wir können jedoch versuchen, einen Gestattungsantrag durchzusetzen. Ich habe mich bereits schlau gemacht. In unmittelbarer Nähe von uns gibt es eine andere Grundschule mit Vorklasse. Mit der Lehrerin dort habe ich schon telefoniert. Sie würde uns einen Gesprächstermin geben. Jetzt müssen wir uns aber erst einmal auf den Einschulungstest an der eigentlich zuständigen Schule konzentrieren.

Simon hat sich freigenommen, um uns zum Test zu begleiten. Subaia ist ganz aufgeregt. „Komme ich heute in die Schule?“, fragt sie.

„Heute noch nicht, aber in eine Schule kommst du auf jeden Fall, mein Schatz“, sage ich lachend. „Du bist ja jetzt ein großes Mädchen.“

Auf dem Schulflur kommt uns eine Lehrerin entgegen. Ich kenne sie bereits von unserer Hospitanz in der Eingangsstufe vor einem Jahr. „Komm mal mit, Subaia. Deine Eltern warten hier draußen auf dich.“

„Nein“, sagt unser Kind eingeschüchtert und drückt sich an mich. „Mama und Papa sollen mitkommen.“ Ich streiche ihr gerührt über den Kopf. Bei Gesprächen mit anderen Eltern schulpflichtiger Kinder habe ich häufig gehört, dass die Anwesenheit der Eltern beim Test kein Problem darstellt, wenn das Kind Ablösungsprobleme hat. Erwartungsvoll sehe ich die Lehrerin an.

„Nein, das geht nicht“, sagt sie ziemlich barsch. „Jetzt komm schon, deine Eltern siehst du gleich wieder.“ Subaia klammert sich an mich und beginnt laut zu weinen. Simon und ich werfen uns einen fragenden, hilflosen Blick zu.

„Sie kennen doch die Geschichte unserer Tochter“, sage ich freundlich. „Wäre es nicht doch möglich ...“

„Hören Sie“, unterbricht mich die Lehrerin. „Am Verhalten Ihrer Tochter ist deutlich abzulesen, dass sie einfach noch nicht die nötige Schulreife hat. Ich schlage vor, Sie gehen jetzt nach Hause. Die Schulleiterin wird sich dann bei Ihnen melden, um zu besprechen, was zu tun ist.“

„Verstehst du das?“, frage ich Simon auf dem Nachhauseweg, während unser Kind wieder fröhlich an meiner Hand neben uns her hüpft. „Subaia wird doch in diesem Jahr schulpflichtig. Rein rechtlich darf sie doch gar nicht weiter im Kindergarten bleiben.“

„Vielleicht will die Schule Subaia ja an einem anderen Tag testen, wenn nicht so viel los ist. Jetzt warten wir erst einmal ab, was uns die Rektorin zu sagen hat“, tröstet mich Simon.

In den kommenden Tagen warte ich vergeblich auf einen Anruf der Schulleiterin. Ich rufe selbst an. „Ach ja“, sagt die Rektorin, als ich sie endlich an den Apparat bekomme. „Was machen wir nur mit Ihrer Tochter?“ Das sollte sie als Schulleiterin ja eigentlich mir sagen können, denke ich, verkneife mir aber jede Bemerkung.

„Wir sind ebenso wie die Amtsärztin der Meinung, dass Subaia am besten in einer Vorklasse aufgehoben wäre. Wir möchten einen Gestattungsantrag für eine andere Grundschule stellen“, antworte ich vorsichtig.

„Sie sollten einen Gestattungsantrag stellen", sagt die Schulleiterin, als sei es ihr Einfall gewesen. Ich kann mich des Eindrucks nicht erwehren, dass sie erleichtert ist.

„Zwischen unserer Hospitanz in der Eingangsstufe und dem Einschulungstest war der Prozess gegen Subaias Mutter", erinnere ich Simon. „Die Schulleiterin wusste zwar schon vorher, dass unsere Tochter traumatisiert ist, konnte sich dann aber über die Pressemeldungen ein genaueres Bild machen. Ich glaube inzwischen, dass die Schule Subaia von Anfang an nicht nehmen wollte, aus Angst vor Verhaltensauffälligkeiten."

Wenig später werden Subaia, Simon und ich von der Vorklassenlehrerin der anderen Grundschule empfangen. „Hallo Subaia, ich bin Frau Kutscher", sagt die Mittfünfzigerin und blinzelt uns durch ihre runde Brille an. „Jetzt zeige ich dir und deinen Eltern mal unsere beiden Räume." Und, oh Wunder: Wie ein treu ergebenes Hündchen folgt Subaia ihr nach, ohne sich nach uns umzudrehen. Simon und ich stolpern hinterher. „Endlich angekommen", sagt Simons amüsierter Blick.

In der Vorklasse sind nur fünf Schüler, eine Traumzahl, um allen die notwendige Zuwendung geben zu können. Frau Kutscher arbeitet eng mit den Eltern zusammen – soweit es diese zulassen. Wir gehören zu den seltenen Müttern und Vätern, die ihr Kind freiwillig in der Vorklasse anmelden. Meistens erfolgt die Empfehlung nach dem Einschulungstest durch die Schule und gegen den Willen der Eltern.

Subaia geht mit Begeisterung in ihre Schule. Hin und wieder gibt es Ärger. Eine Zeit lang steckt unsere Tochter Gegenstände ein, die ihr nicht gehören. Manchmal wird Subaia aber auch von den anderen Kindern zum Sündenbock gestempelt, obwohl sie tatsächlich nichts angestellt hat. Unsere Tochter eignet sich für diese Rolle, denn zum Ereignis befragt, zieht sie meistens die Schultern hoch und sagt: „Wer weiß?" Wenn ihre Unschuld offensichtlich ist, wird sie von der Vorklassenlehrerin verteidigt – auch gegen Kinder und Eltern der Klasse. Frau Kutscher ist Lehrerin, Mediatorin und Erziehungsberaterin in einer Person.

Der Schulalltag ist eingekehrt. Zeit für mich, beruflich wieder mehr einzusteigen, denke ich und suche nach einem Hortplatz für Subaia. Am liebsten wäre Simon und mir eine private Einrichtung. Wir möchten, dass Subaia möglichst gut aufgefangen und gefördert wird. Der erste Hort lehnt mit der Begründung ab, Vorklassenkinder würden generell nicht genommen. Eine Unmenge anderer Absagen erfolgen mit recht diffusen Begründungen: „Es gibt keinen Platz." (Aber ich habe doch nachgefragt, als unser Nachbarskind wegzog und dadurch ein Platz frei wurde.) „Wir ziehen alleinerziehende Mütter vor." (Aber die Alleinerziehende, die vorgezogen wurde, arbeitet doch gar nicht und hat es auch nicht vor.)

„Die haben bestimmt auch alle während der Prozesszeit Zeitung gelesen", meint Simon.

Von einer Einrichtung erhalten wir schließlich eine Absage mit der Aussage: „Es tut uns leid, aber im Team haben wir beschlossen, Subaia nicht zu nehmen. Wir haben zu viel von ihr gehört und fühlen uns dem einfach nicht gewachsen."

Wenigstens ist diese Hortleiterin ehrlich. Ich bin dennoch geschockt und verzweifelt. „Aber gerade weil Subaia Schwierigkeiten mit sozialer Kompetenz hat, braucht sie den regelmäßigen Kontakt mit anderen Kindern."

„Wir finden es furchtbar, was Ihrer Tochter passiert ist. Aber bei uns wäre sie bestimmt nicht gut aufgehoben, weil wir nicht entsprechend ausgebildet sind", antwortet die Leiterin.

„Wir sind als Eltern im Gegensatz zu den Erziehern gar nicht pädagogisch ausgebildet und hatten trotzdem die Traute, Subaia die Chance auf ein neues Leben zu geben", rege ich mich auf.

„Ja, ja", sagt Simon leicht genervt.

„Stimmt doch. Da gäbe es sicherlich auch politisch einiges zu tun, schließlich gibt es auch in unserem gut situierten Viertel andere Kinder mit problematischem Hintergrund. Auf diese Weise landen all diese Kinder automatisch im sozialen Brennpunkt", beschwere ich mich weiter.

„Unfair ist auf jeden Fall, dass die privaten Einrichtungen mit ihren pädagogischen Erfolgen prahlen, während wir jetzt erfahren, dass im Vorfeld so ausgesiebt wird", stimmt mir Simon zu.

Schließlich kommt Subaia in einer städtischen Kita unter, die in unserem Freundes- und Bekanntenkreis nicht den besten Ruf hat. Auch ich bin nicht begeistert, wenn ich die Leiterin und einzelne Betreuer unweit der Einrichtung bei ihren Raucherpausen antreffe. Außerdem macht mir Subaias Neigung zu schaffen, sich dem mitunter reduzierten Sprachschatz mancher Kinder anzupassen, die ihr offenbar imponieren. Eines Tages komme ich just in dem Moment in den Hort, als meine Tochter äußerst kämpferisch und mit imitiertem Akzent zu einem größeren Kind sagt: „Was guckst du, Junge?" Daraufhin dreht sich der Junge zu mir um und bittet mit kläglicher Stimme: „Sag deiner Tochter, sie soll nicht immer türkisch mit mir reden!"

Trotz allem sind wir mit dem Hort zufrieden. Dort wurde Subaia genommen, ihre Bezugserzieherin ist prima und unser Schulkind fühlt sich gut aufgehoben.

„Weißt du was, mein Schatz, bald bekommst du eine ganz große Schultüte und bist eine echte Erstklässlerin", erkläre ich Subaia gegen Ende des Vorklassenjahres und halte mir bei ihrem freudigen Gequietsche die Ohren zu. Frau Kutscher hat sich dafür eingesetzt, dass unsere Tochter in der Klasse einer jungen Lehrerin untergebracht wird. Frau Renz ist jung und hübsch, selbst Mutter von zwei kleinen Kindern und trägt gerne lässige Kleidung, stelle ich befriedigt fest. Zu Subaias Einschulung erscheinen alle fünf Taufpaten und die geliebte Ersatzoma Gerda.

In der ersten Zeit läuft alles ganz gut. Bald beginnen aber die für uns inzwischen üblichen Schwierigkeiten: Kinder und Eltern beklagen sich über Subaias Distanzlosigkeit. Sie sucht immer nach Kontakten und wird manchmal übergriffig, wenn sie mit ihrer Art nicht ankommt.

„Mama, die anderen Kinder sagen immer, ich soll weggehen", beklagt sich meine Tochter.

„Vielleicht solltest du dann einfach mal weggehen. Bestimmt haben sie dann viel mehr Lust, wieder auf dich zuzugehen", schlage ich vor.

„Ich will doch nur spielen", antwortet sie mürrisch und trollt sich in ihr Zimmer. Ich denke wehmütig: Wenn unter diesen 20 Kindern doch nur eins wäre, mit dem unser Kind dauerhaft Freundschaft schließen könnte.

Ich bemühe mich, die Schule zu unterstützen, indem ich als Mutter präsent bin. Elterliches Engagement ist für mich selbstverständlich. Jetzt fungiere ich als Theater-AG-Leiterin. Ehrenamtlich, denn die Schulleiterin, Frau Schneider, ist der Meinung, dass das zum Eltern-Engagement dazu gehört. Mich stört es nicht. Ich möchte der Schule ja auch etwas dafür zurückgeben, dass sie sich für mein besonderes Kind einsetzt. Außerdem engagiere ich mich mit vollem Elan als Elternbeirätin, diese Funktion hatte ich bereits in der Vorklasse inne. Die Warnung ‚Alter Hasen' des schulpolitischen Geschehens, „lehne dich bei Frau Schneider nicht zu weit aus dem Fenster, sonst wird es deinem Kind schaden. Es wäre nicht das erste Mal in dieser Schule", nehme ich nicht wirklich ernst. Es kommt zwar immer mal wieder zu Diskussionen; und auch auf den Elternbeirat übt die Schulleiterin häufig Druck aus. Trotzdem fühle ich mich in der Schule wohl. Subaia kommt immer besser im Klassenverband zurecht.

Kurz vor den Herbstferien aber spricht mich die Klassenlehrerin an. „Subaia zeigt andauernd im Mathematikunterricht auf und sagt falsche Antworten. Die Kinder lachen dann immer über sie.

Und auch in den Deutschstunden gibt es Probleme. Ihre Leistungsverweigerung ist für uns Lehrer problematisch."

Wie bitte? Leistungsverweigerung? „Ich rede mit Subaia", antworte ich und verabschiede mich freundlich.

„Ich verstehe das einfach nicht", sage ich abends zu Simon. „Subaia würde doch niemals aufzeigen, um bewusst die falschen Antworten zu sagen. Ich vermute eher, dass sie in Mathe nicht mitkommt, sich aber unbedingt am Unterricht beteiligen will. Wir sollten sie auf Rechenschwäche, Dyskalkulie, testen lassen."

Bevor es dazu kommt, bestellt uns Frau Renz zu sich. „Ich möchte mit Ihnen den Förderplan für Ihr Kind besprechen." Förderplan? Was ist das denn? Noch nie davon gehört, dass es so einen Plan für Subaia gibt. Nun ja, Förderung hat unsere Tochter sicherlich nötig. Gespannt gehen Simon und ich zu dem Treffen. Der von Frau Renz vorgelegte Förderplan gleicht einem Strafenkatalog: Sollte Subaia ein bisschen stören, würde sie auf den Flur verbannt. Bei stärkerer Störung müsse sie ins Schulleiterinnenzimmer. Und bei noch gravierenderem Fehlverhalten müssten wir Eltern sie abholen. Eine weitere Strafaktion bezieht sich darauf, Subaia aus dem Musikunterricht auszuschließen, mit dem Argument, dass unsere Tochter in Musik besonders gut ist und sie das am meisten treffen würde.

In keinem Absatz des Förderplans ist vermerkt, warum Subaia Verhaltensauffälligkeiten zeigt und dass sie ein Adoptivkind ist. Simon und ich sehen uns an. Wir verstehen die Welt nicht mehr. Was hat denn das alles mit Förderung zu tun?

„Hören Sie, Frau Renz", sagt Simon, „wir können das so nicht unterschreiben. Bitte geben Sie meiner Frau und mir etwas Zeit, uns darüber Gedanken zu machen. Dann kommen wir gerne zu einem neuen Treffen."

„Kein Problem", antwortet Frau Renz freundlich lächelnd und wir setzen einen Termin nach den Herbstferien fest.

Ich suche Rat bei Eike, einer anderen Mutter, die sich als langjährige Elternbeiratsvorsitzende gut mit schulischen Belangen auskennt. Wir haben inzwischen regen Kontakt, weil auch ihr Sohn immer mal wieder mit Lehrern in Konflikt gerät. Und durch ihr großes Engagement an der Schule kann Eike ein Lied von Frau Schneiders wenig kollegialem Verhalten singen. Den Refrain singen wir oft gemeinsam. „Ihr müsst diesen Förderplan unbedingt einem Schulamtspsychologen vorlegen“, rät sie mir. „Sonst wandert das Ding ungebremst in die Schulakte und damit zur weiterführenden Schule.“

Simon und ich bekommen sofort einen Termin. Die Schulamtspsychologin Frau Jung ist ungefähr in meinem Alter, hat fast ebensolche Locken wie Subaia und ein offenes Gesicht. Ich habe sofort Vertrauen zu ihr und werde nicht enttäuscht. Sie studiert die Gutachten über Subaia sowie den Förderplan und ist entsetzt: „Da steht ja weder etwas über die Hintergründe noch über die therapeutische Unterstützung, die Sie Ihrem Kind seit Jahren ermöglichen. Und auch ansonsten hat das hier mit einem Förderplan wenig zu tun. Wissen Sie was, ich schlage Ihnen vor, Sie zu dem Gespräch mit Subaias Klassenlehrerin zu begleiten. Dann besprechen wir alle gemeinsam, wie so ein Plan aussehen könnte. Allerdings sollten Sie Frau Renz vorher fragen.“

Gesagt, getan. Die Klassenlehrerin versichert mir am Telefon, keinerlei Einwände zu haben. Prima, Simon und ich sind erleichtert. Unsere Tochter ist auch für die Schule eine Herausforderung. Aber niemand will ihr Böses. Bestimmt war der Förderplan nur unglücklich formuliert. Frau Renz unterstützt unser Kind und unsere Familie.

In den Herbstferien absolviert Subaia einen Dyskalkulie- und Legasthenie-Test in der kinderpsychiatrischen Praxis von Doktor Gerling. Der Test bestätigt sowohl eine Dyskalkulie als auch eine Legasthenie.

Das auch noch. Subaia hat doch schon genug aufzuholen. Nach Meinung von Doktor Gerling ist genau das die Ursache. „In den ersten zwei Lebensjahren entwickelt ein Kind die Fähigkeit zum räumlichen Denken. Es erkundet seine Umgebung, fühlt, spielt, krabbelt und läuft schließlich. Ohne diese Fähigkeit zum räumlichen Denken kann sich kein logisches Denken entwickeln, eben dieses ist aber Voraussetzung für die Rechtschreibung und das Rechnen."

Weil Subaia in den ersten Lebensjahren hauptsächlich eingesperrt war und insgesamt nicht gefördert wurde, hat sie jetzt die Lernschwächen, denke ich. Wie viele Spätfolgen ihres früheren Lebens werden wir noch entdecken?

„Hinzu kommt ja noch die Tatsache, dass das Mädchen als extremes Frühchen auch ohne die weitere Vorgeschichte sicherlich mit Entwicklungsverzögerungen zu kämpfen hätte", erklärt Doktor Gerling weiter. „Ihre Tochter braucht in den kommenden Jahren ein intensives Dyskalkulie- und Legasthenie-Training, um die Schule bewältigen zu können. An einer Förderschule für Lernhilfe wäre Subaia meiner Meinung nach trotzdem nicht gut aufgehoben. Eventuell wäre sie Klassenbeste, würde aber im Verhalten zurückgeworfen. Wir wissen ja inzwischen, dass sich das Mädchen immer nach unten orientiert. Meine Empfehlung zur Regelschule werde ich auch in meinem Gutachten vermerken." Unsere Rede! Wieder einmal merke ich, wie wohltuend es ist, Unterstützung zu bekommen.

Am Abend lese ich Simon aus einer medizinischen Fachzeitschrift vor: „Vier von fünf Kindern, die vor der 26. Woche auf die Welt kommen und überleben, tragen eine Behinderung davon. Zwei von fünf haben später einen Intelligenzquotienten von unter 70. Die Hälfte ist lebenslang auf Hilfe angewiesen."

„Na, da können wir uns ja glücklich schätzen, dass es sich bei Subaia nur um zwei Lernschwächen handelt", meint mein Mann lakonisch.

„Ich verstehe das nicht", sage ich. „Frau Renz hat uns doch selber einmal erzählt, dass sie ein Seminar über Dyskalkulie besucht hat. Warum hat sie bei Subaia nichts bemerkt?“ Simon zuckt die Schultern.

Am nächsten Tag melde ich unsere Tochter in einem renommierten Institut für Teilleistungsstörungen zum wöchentlichen Training an.

Mit dem Gutachten des Kinderpsychiaters in der Tasche gehen Simon und ich nach den Ferien entsprechend beflügelt zu dem Gesprächstermin mit der Schulpsychologin und Subaias Klassenlehrerin. Jetzt wird alles gut, davon bin ich überzeugt. Unsere Tochter verweigert nicht die Leistung, sondern hat eine Rechenschwäche. Der Förderplan wird korrigiert.

Vor dem Schultor treffen wir auf Frau Jung. „Hallo“, sagt sie fröhlich, „wir werden das Pferd schon von der richtigen Seite aufzäumen.“ In Subaias Klassenzimmer erwarten uns Frau Renz und Frau Schneider. Simon, Frau Jung und ich werfen uns einen erstaunten Blick zu. Von der Anwesenheit der Schulleiterin hatten wir keine Ahnung. Nachdem sich alle Beteiligten höflich die Hand gereicht haben, kommt Frau Schneider zur Sache: „Über den Förderplan werden wir heute nicht sprechen. Ich und die Kollegen sind uns einig, dass es sinnvoll wäre, Subaia auf sonderpädagogischen Förderbedarf überprüfen zu lassen.“

Mir wird ganz kalt. Auch Simon und Frau Jung wirken wie erstarrt. Frau Renz rutscht unruhig auf ihrem Stuhl hin und her. Ich habe den Eindruck, dass sie von Frau Schneiders Plänen gar nichts wusste. In meinem Kopf toben die Gedanken. So ein Testergebnis entscheidet doch darüber, ob für ein Kind der Besuch einer Förderschule empfohlen wird. Aus Gesprächen mit anderen Eltern weiß ich, dass Eltern eine solche Empfehlung zu diesem Zeitpunkt nicht abwenden können. Will Frau Schneider mein Kind oder mich auf diese Weise loswerden? Sind wir ihr beide zu unbequem? Beziehungsweise alle drei, denn Simon und ich haben die Schulamtspsychologin eingeschaltet.

„Subaia fordert im Klassenverband zu viel Aufmerksamkeit ein. Da sie in Mathematik und Deutsch die Leistung verweigert, wird sie vermutlich nicht das Klassenziel am Ende des zweiten Schuljahres erreichen", stellt Frau Schneider fest. Ich höre Simon neben mir heftig atmen.

„Frau Schneider", beginne ich vorsichtig. „Es ist uns durchaus bewusst, dass unsere Tochter keine einfache Schülerin ist. Aber was Mathematik und Deutsch betrifft, haben wir Subaia in den Ferien testen lassen."

Wir reden und reden. Frau Jung unterstreicht unser Anliegen. Frau Renz hält sich zurück. Aber siehe da: Die Schulleiterin lenkt ein. „Ich verstehe Ihre Argumente", sagt sie. „Es ist wichtig, dass wir Hand in Hand arbeiten. Von einer sonderpädagogischen Überprüfung werde ich absehen. Aber es ist für uns als Lehrkräfte unbedingt vonnöten, zusätzliche Förderstunden für Subaia zu bekommen. Ich werde versuchen, das mit dem Sonderpädagogen unserer Schule beziehungsweise mit dem Schulamt zu klären."

„Dabei unterstütze ich Sie", verspricht Frau Jung. „Ich werde alles daran setzen, dass Sie als Schule den Mehraufwand bewilligt bekommen."

Beim Abschied herrscht allgemeine positive Stimmung. Nur ich habe ein schales Gefühl. „Komm schon", sagt Simon aufmunternd, „du hast Frau Schneider doch gehört."

„Lassen Sie es doch gut sein", entgegnet mir auch Frau Jung bei einem Telefonat, nachdem ich ihr mein Herz ausgeschüttet habe. „Frau Schneider hat sich bei unserem Gespräch um 180 Grad gedreht. Eine Überprüfung zieht sie nicht mehr in Erwägung. Und die Frist für die Antragsstellung ist ja auch bald abgelaufen."

Doch eben diese Frist macht mir Angst: Die Schulen haben nur bis zum 15. Dezember Zeit, einen Antrag zu stellen. Das ist in vier Wochen. Ansonsten bleibt das Kind im kommenden Schuljahr in der Regelschule. Und das dürfte Frau Schneider nicht gefallen. Noch dazu, weil sie dann auch weiterhin uns kritische Eltern am

Hals hat. Dieser Eindruck verfestigt sich immer mehr in mir. Ich bin schon zu lange im schulpolitischen Geschehen aktiv, um der Direktorin trauen zu wollen und auch lange genug Subaias Mutter. Zu oft wurde unser Kind abgelehnt, ausgelagert. Zu oft bin ich enttäuscht worden.

Ich rufe vorsorglich bei anderen Grundschulen an, erkläre, dass wir eventuell an einen Wechsel denken und bitte um ein Gespräch. Eine einzige Schule reagiert. Simon und ich bekommen einen Termin bei der Schulleiterin. „Na, meinetwegen", sagt mein immer noch positiv gestimmter Ehemann.

Auch diese Grundschule ist noch in Laufnähe zu unserer Wohnung. Als Innenstadtschule hat sie aber eine gänzlich andere Schülerschaft. Die Eltern aus unserem Viertel bevorzugen im Allgemeinen Subaias aktuelle Grundschule.

Die Rektorin, Frau Hauser, hört sich geduldig unsere Erklärungen an. Ohne dass sie deutlich wird habe ich den Eindruck, dass sie insgesamt wenig von Frau Schneiders Qualitäten als Schulleiterin hält. Aha, denke ich. Eike hat mir berichtet, dass Frau Schneider bei den anderen Grundschulleitern unserer Stadt nicht gerade beliebt ist. „Warum haben Sie denn keine Integrationshilfe für Subaia beantragt?", fragt uns Frau Hauser plötzlich. Simon und ich sehen uns erstaunt an. Was ist das denn?

„Über das Sozialrathaus gibt es die Möglichkeit, eine Schulbegleitung für ein Kind zu bekommen, das von einer psychischen Behinderung bedroht ist. Das bedeutet übrigens keinen Integrationsstatus. Ihre Tochter würde nicht auf Förderbedarf überprüft", klärt uns Frau Hauser auf. „Würden wir Subaia aufnehmen, wäre eine Integrationshilfe für unsere Schule Voraussetzung. Ich spreche in den nächsten Tagen mit der in Frage kommenden Klassenlehrerin und auch der Deutschlehrerin. Sie würden ihre Tochter unterrichten, also liegt die Entscheidung in ihren Händen. Ich melde mich bei Ihnen, sobald ich eine Antwort habe." Sie drückt uns zum Abschied die Hand.

„Die Schulleiterin macht einen sehr kompetenten Eindruck", sagt Simon auf dem Weg nach draußen anerkennend. „Es ist doch ganz gut, dass du nach Alternativen Ausschau gehalten hast."

Ich lächele ihn an. „Und hast du gehört: Die Entscheidung über eine Aufnahme liegt in den Händen der Lehrerinnen. Das kann ich mir bei Subaias jetziger Schule gar nicht vorstellen. Frau Schneider versucht bei allen Entscheidungen die Oberhand zu haben", erwidere ich.

„Apropos Frau Schneider: Warum hat sie uns nicht auf die Möglichkeit einer Integrationshilfe hingewiesen? Das wäre doch eine zusätzliche Förderung für unsere Tochter", fragt Simon.

Ich zucke die Schultern und greife nach seiner Hand. „Ich denke, die Bedrohung einer psychischen Behinderung nachzuweisen dürfte bei unserem schwer traumatisierten Kind doch kein Problem sein. Gleich morgen rufe ich im Sozialrathaus an."

„Ich kenne Subaias Fall", unterbricht mich die zuständige Sachbearbeiterin des Sozialrathauses am Telefon. „Schicken Sie mir das aktuelle Gutachten des Kinderpsychiaters und wir werden prüfen, ob eine Integrationshilfe in Frage kommt." Am nächsten Morgen fange ich Frau Schneider im Schulflur ab. „Wir sind ja bei unserer Gesprächsrunde übereingekommen, dass Subaia zusätzliche Förderung braucht. Gestern habe ich eine Integrationshilfe beantragt."

„Ach, I-Helfer", sagt sie mit einer abwinkenden Bewegung. „Das sind dann unter Umständen irgendwelche Zivildienstleistenden. Was Subaia braucht, ist eine Fachkraft. Aber machen Sie mal ..." Frau Schneider dreht sich um und verschwindet in ihr Büro.

„Was hat sie nur gegen eine Integrationshilfe? Jeder Zivi wäre doch besser als gar keine Begleitung", frage ich Eike am Telefon.

„Aber an jedem Schulbegleiter hängen das Sozialrathaus und ein Trägerverein. Und wie ich Frau Schneider kenne, befürchtet sie, damit auch selbst unter Beobachtung zu stehen", erwidert sie.

Zwei Tage später kommt Subaia weinend nach Hause. „Mama, weißt du was? Ich werde dauernd angeschrien, auch wenn ich gar nichts gemacht habe. Ich gebe ja zu, dass ich viel Blödsinn mache, aber immer bin ich auch nicht schuld."

Ich nehme sie in die Arme. „Wer schreit dich denn an, Mäuschen?"

Sie schnieft. „Meistens Frau Schneider im Deutschunterricht."

Dass die Schulleiterin auch in Subaias Klasse unterrichtet, hat mich in letzter Zeit ohnehin unruhig gemacht. Dann ruft mich auch noch eine Klassenmutter an: „Niko hat zu Hause erzählt, dass es Subaia zur Zeit ziemlich schwer in der Schule hat. Nach seinen Erzählungen hat wohl vor allem die Deutschlehrerin sie auf dem Kieker."

„Das Schlimme ist, dass Subaia ja tatsächlich viel Blödsinn macht und wir ungerechtes Verhalten von Lehrern schwer nachweisen können", sage ich unglücklich zu Simon.

„Deshalb wäre ein Integrationshelfer ja auch eine tolle Sache", antwortet er. „Jetzt warte doch erst einmal ab."

Kurz darauf spricht mich eine Schülerin aus Subaias Parallelklasse an: „Wir haben uns heute über dein Kind beschwert. Als wir sie in der Pause nicht mitspielen lassen wollten, hat sie eine von uns geschubst und Schimpfwörter gesagt." Ich frage bei der Klassenlehrerin der Mädchen nach. „Ach, das war eine Mädchen-Zickerei", sagt sie abwinkend. „Ich habe mir Subaia zur Brust genommen. So schlimm war das alles nicht."

Ein paar Tage später halten Simon und ich fassungslos ein Anschreiben der Schule in den Händen. Subaia hat einen Schulverweis bekommen. In der Kopie des Aktenvermerks wird beschrieben, unsere Tochter habe einige Schülerinnen geärgert sowie eines der Mädchen geschubst und eine Treppe hinuntergestoßen. Damit sei Subaia eine Gefahr für die Schülerschaft.

„Ich habe doch mit den betroffenen Mädchen und ihrer Lehrerin gesprochen. Von einem Treppensturz war bei den Kindern überhaupt nicht die Rede. Und außerdem war kein Erwachsener Zeuge des Streits", erkläre ich Simon verzweifelt.

Er nimmt mich in die Arme. „Wir schreiben eine Gegendarstellung. Die Schulen sind verpflichtet, so etwas der Schulakte beizulegen. Das ist auch wichtig, weil diese ja an die weiterführende Schule geht."

Einige Tage später stehe ich vor dem Schultor und warte auf mein Kind. „Subaia darf noch nicht gehen", berichten mir entgegenkommende Klassenkameraden. „Sie hat Ärger mit Frau Schneider." Nach einer Weile gehe ich ins Klassenzimmer. Dort steht die Schulleiterin, hält einen Klebestift in die Höhe und brüllt: „Jetzt frage ich dich zum dritten Mal: Warum hast du den Klebestift nach dem Unterricht nicht zugedreht? Wo ist der Deckel dazu?"

Subaia sieht aus wie ein Häufchen Elend. „Aber das ist doch gar nicht mein Kleber. Meinen habe ich zugedreht und weggelegt." Als mich Frau Schneider bemerkt, rafft sie wortlos ihre Sachen zusammen und verschwindet aus dem Klassenzimmer. Ich nehme Subaia an die Hand. „Komm, wir gehen. Hattest du deinen Kleber wirklich zugedreht?"

„Ja Mama, das habe ich Frau Schneider auch schon drei Mal gesagt."

Ich sehe in ihr unglückliches Gesicht. „Ich glaube dir ja, mein Schatz", sage ich seufzend.

Vier Wochen nach der Gesprächsrunde mit Frau Jung, Frau Renz und der Schulleiterin ruft Frau Schneider auf meinem Mobiltelefon an. Mir stockt der Atem. Heute ist der letzte Tag der Frist für eine sonderpädagogische Überprüfung, es sind noch vier Tage bis zu den Weihnachtsferien. „Ich habe etwas mit Ihnen zu besprechen und möchte, dass Sie und Ihr Mann heute noch herkommen."

Ich bemühe mich, ruhig zu klingen: „Um was geht es denn, Frau Schneider?"

„Das möchte ich lieber mit Ihnen persönlich besprechen", druckst sie herum. Ich denke an die Frist.

„Wissen Sie, mein Mann arbeitet ja lange, lassen Sie uns doch einen Termin für die kommenden Tage ..."

„Ich bin zeitlich flexibel", unterbricht sie mich betont locker. „Sie können auch gerne am Abend kommen, sagen wir 18 Uhr?"

„Ich versuche meinen Mann zu erreichen und melde mich wieder."

Mit zittrigen Fingern wähle ich Simons Büronummer. „Bringen wir es hinter uns und schauen erst einmal, was sie wirklich will", sagt er. Um 18 Uhr abends legt uns Frau Schneider einen von ihr ausgefüllten Antrag auf sonderpädagogische Überprüfung auf den Tisch. „Ich habe mich um weitere Förderstunden für Subaia bemüht, leider ist nichts dabei herausgekommen. Deshalb ist es das Beste, wenn wir jetzt diesen Antrag auf den Weg schicken. Damit haben wir eher Chancen, dass wir zusätzliche Förderstunden für Ihre Tochter bewilligt bekommen. Ich weiß, das kommt für Sie jetzt alles sehr überraschend. Aber wir wollen doch, dass Subaia auf unserer Schule bleiben kann."

Wieder dieser betont lockere Unterton. Mir ist schlecht. Dennoch sage ich: „Frau Jung bemüht sich doch auch beim Schulamt und wir haben einen Antrag auf Integrationshilfe gestellt."

„Das ist ja alles nicht sicher. Der Antrag ist der bessere Weg." Sie falsche Schlange, denke ich. Der Antrag bedeutet für Subaia den direkten Weg auf die Förderschule. Ich schaue zu Simon. Äußerlich ist er ruhig, aber ich kenne ihn gut genug um zu sehen, dass er innerlich vor Wut kocht. „Na, dann geben Sie mal her. Wir lesen uns Ihren Antrag durch."

„Oh, ich weiß nicht, ob ich das Ihnen als Eltern zeigen darf", beeilt sich Frau Schneider zu sagen.

Da platzt Simon der Kragen: „Sie glauben doch nicht, dass wir etwas unterschreiben, was wir zuvor nicht lesen durften? Da können Sie uns ja gleich eine Waschmaschine verkaufen."

„Schon gut", sagt Frau Schneider sichtlich beeindruckt. „Ich zeige Ihnen die letzte Seite des Antrags."

Simon und ich beugen uns über das Papier. Es ist die Seite, auf der wir unterschreiben sollen. Als Empfehlung hat Frau Schneider „Lernhilfeschule" und „Erziehungshilfeschule" angekreuzt. Ob sie das überhaupt darf, überlege ich wie im Fieber. „Wissen Sie was", sagt Simon mit kalter Stimme. „Wir unterschreiben hier gar nichts. Außerdem gibt es seit diesem Jahr einen Inklusionsvertrag für alle Bundesländer. Wollen Sie wirklich, dass unsere Tochter in der Förderschule die Letzte ist, die das Licht ausmacht?"

Frau Schneider erhebt sich abrupt. Jede falsche Freundlichkeit ist von ihr abgefallen. „Ich gebe diesen Antrag noch heute Abend in die Post. Sie wissen ja sicherlich, dass die Unterschrift von Ihnen als Eltern für das Verfahren unerheblich ist." Ich bemühe mich, den Schein zu wahren, ihr zum Abschied die Hand zu reichen.

Simon und ich reden lange an diesem Abend, in der Nacht schlafen wir beide schlecht.

Am nächsten Morgen rufe ich Frau Hauser an. „Frau Schneider hat gegen alle Absprachen mit uns und der Schulamtspsychologin den Antrag gestellt. Mein Mann und ich machen uns große Sorgen."

„Sie hören von uns", verspricht die Schulleiterin.

Zwei Tage später empfangen uns zwei Lehrerinnen der Schule. Simon und ich halten uns an den Händen und erzählen unsere Geschichte. Die beiden Frauen hören aufmerksam zu, stellen einige Fragen. „Wissen Sie was", sagt Frau Krüger, die Konrektorin und zukünftige Deutschlehrerin unserer Tochter, lächelnd, „als uns Frau Hauser von ihrer Tochter erzählt hat, waren wir gleich entschlossen, sie aufzunehmen. Jetzt sind wir erst recht überzeugt. Wir finden es bemerkenswert, wie Sie Ihr Kind unterstützen. Willkommen an unserer Schule." Ich könnte heulen vor Glück.

„Wir sehen uns nach den Weihnachtsferien", sagt Frau Hendrik, Subaias zukünftige Klassen- und Mathematiklehrerin, und reicht uns die Hand zum Abschied.

Auf der Straße legt Simon den Arm um mich. „Was für eine tolle Schule." Ich lege den Kopf an seine Schulter. Ich fühle mich müde und gleichzeitig erleichtert. „Für Subaia wird der Wechsel eine neue Herausforderung. Am besten, wir sagen es ihr erst in den Weihnachtsferien."

Wieder zwei Tage später begleitet mich Simon erneut. Es ist der letzte Schultag vor den Ferien und Subaias letzter Tag an dieser Schule. Nur, dass das außer Simon und mir noch niemand weiß. Nachdem unsere Tochter im Klassenraum verschwunden ist, klopfen wir an die Tür von Frau Schneiders Rektorinnenzimmer.

„Wir möchten, dass Sie uns jetzt diesen Gestattungsantrag unterschreiben", sagt Simon mit fester Stimme. Frau Schneiders Gesicht spiegelt eine Mischung aus Erstaunen und Wut wider.

„Auch an der neuen Schule werden Anträge auf sonderpädagogische Überprüfung gestellt. Sie werden schon sehen, was Sie davon haben", zischt sie. Aber sie unterschreibt.

Nachdem ich Simon in sein Büro verabschiedet habe, gehe ich zum Weihnachtskonzert der Schule in eine nahe gelegene Kirche, um meine Tochter bei ihrem Auftritt zu erleben. Ich setze mich auf die Balustrade zu den Eltern, die mir in den zweieinhalb Jahren von Subaias Schulzeit ans Herz gewachsen sind. Das sind viele. Alle sind betroffen als ich ihnen berichte, dass Subaia und ich heute zum letzten Mal dabei sind. Unten sitzen die Kinder und das Lehrerkollegium. Als mich einige meiner Theaterschüler entdecken, springen sie von den Kirchenbänken auf und winken heftig. „Lina, hallo Lina", skandieren plötzlich zwei Dutzend Schüler.

Ich winke den Kindern zurück und merke, wie Wehmut von mir Besitz ergreift. „Tschüss ihr alle. Nicht nur mir werdet ihr fehlen."

„Wenigstens hattest du einen großartigen Abschied, so winkend auf dem Balkon", sagt Simon, als ich ihm vom Vormittag berichte.

Nach einem Anruf im Schulamt wird Frau Schneiders Antrag anstaltslos zurückgezogen. „Wir sind auch geschockt, dass sich die

Schulleiterin nicht an die Absprachen mit uns gehalten hat", erklärt mir der Verantwortliche. Außerdem erzählt er mir, dass Eltern selbstverständlich Einblick in einen Antrag auf sonderpädagogischen Förderbedarf haben sollten.

In den Ferien eröffnen Simon und ich unserer Tochter, dass sie eine neue Schule besuchen wird. Subaia ist traurig, aber einsichtig. „Krieg ich dann nochmal eine Schultüte?"

„Du kommst ja wieder in die zweite Klasse. Dafür kriegst du aber neue Freunde."

„Das ist gut", seufzt mein kleines Mädchen. „In der alten Schule hatte ich ja nicht so wirklich welche. Mama, krieg ich da wirklich Freunde?"

„Bestimmt", sage ich, schließe mein Kind in die Arme und denke: Aber du musst auch etwas dafür tun.

Als hätte sie meine Gedanken erraten, sagt Subaia: „Ich will ja auch nett zu den Kindern sein. Aber irgendwie krieg ich es dann doch nicht hin und dann mag mich keiner."

„Es gibt immer eine neue Chance", sage ich und knuddele mein Kind.

Nach nur zwei Monaten Wartezeit wird im städtischen Sozialrathaus unserem – ursprünglich für Subaias alte Schule gestellten – Antrag auf eine Integrationshilfe stattgegeben. Seitdem kümmert sich Andrea, eine junge Heilerzieherin, um unsere Tochter. Sie ist ein Glücksgriff für uns alle. Andrea versteht sich prächtig mit Subaias Klassenlehrerin Frau Hendrik und der gesamte Klassenverband profitiert von der Anwesenheit einer zweiten Bezugsperson. Außerdem ist sie auch immer Ansprechpartnerin für uns Eltern. Frau Hendrik macht ebenfalls einen prima Job. Endlich wissen wir Subaia in guten Händen.

In ihrer alten Klasse hat unsere Tochter mit dem Einverständnis von Frau Renz und der neuen Klassenlehrerin zwei Wochen nach dem Schulwechsel offiziell Abschied gefeiert. Mehrere Kinder haben geweint. „Ohne Subaia ist es hier richtig langweilig", eröffnet mir eine Klassenkameradin unter Tränen, als ich mein Kind wieder abhole. Offenbar ist unsere Tochter auf ihre Art für die Kinder auch sehr unterhaltsam, denke ich.

Die neue Grundschule und der Hort zählen eher zum „sozialen Brennpunkt“. Es gibt viele ausländische Kinder und Eltern, die nicht gut Deutsch sprechen und auch einige sozial schwache Familien. „Ganz schöne Rabauken habe ich dort getroffen“, sagt Oma Gerda, nachdem sie Subaia zum ersten Mal von der Schule abgeholt hat. Wie uns nach dem Schulwechsel bald klar wird, ist genau das ein Pluspunkt für Subaia: Sie ist jetzt ein mitunter problematisches Kind unter einigen anderen. Und die Lehrer an ihrer neuen Schule unterrichten mit viel Einsatz und Liebe zu ihrem Beruf, weil sie Defizite ihrer Schüler auffangen wollen.

Dank Andreas engagierter Hilfestellung entwickelt sich Subaia schulisch enorm weiter und lernt bald viel eigenständiger. Die Integrationshelferin lässt unserer Tochter die Freiräume, ein normales Klassenkind zu sein und ist gleichzeitig im Unterricht zur Stelle, wenn sie gebraucht wird. Die Pausensituation muss Subaia alleine meistern. Sie soll an sich wachsen, sich hinter keinem Erwachsenen verstecken. Denn der Kontakt mit den anderen Kindern bleibt ein großes Defizit. Nachdem ihre neuen Klassenkameraden unsere Tochter voller Neugierde empfangen haben, ist sie mit ihrer impulsiven Art wieder schnell im negativen Fokus. Am Anfang erlebe ich oft, dass ganze Kindergruppen auf dem Schulhof wegrennen, sobald unsere Tochter auftaucht.

„Die sagen, dass ich Popel fresse und eklig bin“, moniert unser Kind. Wie sich bald herausstellt, bohrt Subaia tatsächlich auf dem Schulhof demonstrativ in der Nase, aber anstatt damit aufzuhören, verhält sie sich entsprechend der „Ansprüche“ und jagt ihre einerseits angewiderten und andererseits belustigten Schulkameraden über den Hof. „Aber die wollen doch, dass ich das mache, Mama.“

Auch zwischen Andrea und ihrem Zögling ist Subaias Sozialverhalten häufig Thema. Simon und mir hilft ihre Präsenz sehr, weil wir ja nicht mitbekommen, was sich in der Schule ereignet. Andrea vermittelt, auch zum Vorteil der Schulkameraden.

Gegenüber Andrea verhält sich unsere Tochter anfangs zuckersüß. „Vorsicht", sage ich zu ihr, „irgendwann wird der Punkt erreicht sein, an dem unsere Tochter auch Sie austestet, probiert, ob Sie wirklich zu ihr stehen, auch wenn sie sich ganz und gar nicht liebenswert verhält." Nachdem die beiden fast ein Jahr lang zwar Höhen und Tiefen erlebt haben, aber im Großen und Ganzen gut miteinander auskamen, wird Subaia an einem Tag extrem aggressiv. Nach einem Streit mit einer Klassenkameradin will Andrea wieder schlichten. Subaia geht auf ihre Integrationshelferin los, beschimpft sie, kneift, kratzt und boxt sie mehrfach. Da sie nicht zu bremsen ist und gutes Zureden gar nicht hilft, ist Andrea gezwungen, Subaia von sich wegzuschubsen. Unsere Tochter erstarrt erst und sagt dann: „Erwachsene dürfen Kinder nicht schlagen."

„Ich habe dich nur von mir weggeschoben, weil du immer wieder auf mich losgehst. Kinder dürften Erwachsene nämlich auch nicht schlagen", erwidert Andrea erschöpft.

Subaia schaut sie aus schmalen Augen an: „Noch bist du stärker als ich. Warte, bis ich groß bin."

Als wir am Abend mit Subaia reden, weint sie: „Ich mag Andrea ja und will auch lieb sein. Aber dann ist immer wieder dieses kleine Teufelchen in meinem Ohr. Mama, kannst du mir das rausnehmen?" Natürlich, mein Kind. Auch wenn ich weiß, dass das Teufelchen sich immer wieder seinen Platz sucht, dir Dinge einflüstert, die in erster Linie dir selber schaden. Zwei Schulverweise folgen, weil sich unsere Tochter in ähnlicher Weise respektlos gegenüber Lehrern verhalten hat. Aber jedes Mal mit der Anmerkung der Schulleitung: Wir wissen ja um Subaias Geschichte. Strafe muss trotzdem sein, allein schon, um von allen Schülern ernst genommen zu werden. Das Lehrerkollegium kommuniziert immer mit uns. Und wir Eltern verstehen.

Inzwischen ist unsere Tochter in ihrer zweiten Grundschule angekommen. Und ich zucke nicht mehr bei jedem Telefonklingeln zusammen.

Heute

Seit Subaia in unser Leben getreten ist, sind acht Jahre vergangen. Vor einiger Zeit haben wir ihren Ankunftstag gefeiert. In unserem Leben gibt es schlimme, traurige und schöne Momente. Wir sehen zu, dass die schönen überwiegen. Subaia ist inzwischen ein außergewöhnlich hübsches Mädchen – nicht nur mit unseren Augen besehen, das sagen viele Menschen. Vor ihrem Eintritt in die Vorklasse hatten wir auf Anraten des Augenarztes eines ihrer stark schielenden Augen operativ gerade stellen lassen, um zu verhindern, dass der Strabismus auf die Dauer ihre Sehfähigkeit einschränkt. Ein weiterer Grund war, dass wir Hänseleien ihrer Mitschüler befürchteten. Heute schielt Subaia nicht mehr. Ihren, jedoch sehr charmanten, Silberblick wird sie behalten.

Bei einer speziellen augenärztlichen Untersuchung wurde allerdings vor Kurzem festgestellt, dass Subaia nicht mit beiden Augen gleichzeitig sehen kann und an einem Augenzittern leidet. Ihre Augen wechseln sich im Sekundentakt ab. Wahrnehmungsstörungen sind so gar nicht zu umgehen.

Das war ein Schock, aber jetzt verstehen wir besser, warum unser Kind sich so schlecht konzentrieren kann und häufig Kopfschmerzen hat. Und warum ihr das Lesen und Schreiben so unendlich schwer fällt.

„Erinnerst du dich an die Worte von Aarons Mutter in Subaias erstem Kinderladen? Damals sagte sie, unsere Tochter sei sehbehindert, weil ein Auge abgeklebt war", sage ich weinend zu Simon.

„Auch wenn sie jetzt indirekt recht behält, war das schon damals kein Grund, um Subaia aus dem Kinderladen auszuschließen", erwidert er kämpferisch. Dann wird er ganz weich: „Komm her, mein Schatz. Jetzt wissen wir Bescheid und das macht vielleicht vieles einfacher."

Denn so traurig wir über die Diagnose sind, sie hilft uns auch: Niemals mehr werde ich mit meinem Kind meckern, wenn es bei den Hausaufgaben nicht ordentlich auf der Linie schreibt oder die Abstände zwischen den Wörtern so schlecht abschätzen kann. Jetzt wissen wir, warum Subaia beim Tischtennis nicht den Ball trifft, beim Federball daneben schlägt. Eine solche Sehbehinderung wird manchmal bei Patienten nach schweren Kopfverletzungen festgestellt oder führt zu der Diagnose eines Gehirntumors. Letzteres konnte glücklicherweise durch umfassende Untersuchungen ausgeschlossen werden. Aber es ist durchaus möglich, dass Subaias Kopfverletzungen in ihrer frühen Kindheit ausschlaggebend für ihre Einschränkung sind. Eine Therapie gibt es nicht, auch damit wird unsere Tochter leben müssen.

Ich bin wieder innerlich wütend auf Subaias leibliche Mutter. Was für ein Erbe hat sie ihrer und unserer Tochter mitgegeben ...

Die Zeit vergeht für uns immer schneller. Subaia ist jetzt elf Jahre alt und ziemlich vorpubertär. Dennoch mutiert sie nach wie vor manchmal zu einem Kleinkind, kriecht unter Tische und brabbelt wie eine Dreijährige. Im nächsten Moment kann es passieren, dass sie wieder unter dem Tisch auftaucht und altklug daher redet wie eine Dreizehnjährige.

Seit ein paar Monaten ist Subaia permanent „verliebt“. Noch zeigen die wechselnden Prinzen wenig Resonanz, was auch daran liegen mag, dass unsere Tochter älter ist als die meisten ihrer Klassenkameraden. „Mama, ich habe heute im Stuhlkreis meinen Kopf auf Tims Schulter gelegt und er hat sich gar nicht gewehrt.“ Wenn sich Subaia kichernd über die Jungs auslässt bin ich beruhigt, dass ihr Interesse am männlichen Geschlecht offenbar nicht in der Form von Sexualisierung geprägt ist wie in ihrer Kleinkindzeit – und gehe diese neue Entwicklung gelassener an.

Die Folgen der Vernachlässigung und Misshandlung sind bis heute präsent. Uns Eltern und andere testet sie nach wie vor extrem aus, schaut, wie stark unser Nervenkostüm ist. Wir wissen aber, dass sie diese Grenzüberschreitungen braucht, um sich immer wieder zu vergewissern, ob wir auch im Ernstfall zu ihr stehen.

Das tun wir, auch wenn es wünschenswert wäre, dass keine Außenstehenden von den Verhaltensauffälligkeiten unserer Tochter betroffen werden. Es ist schwer, damit umzugehen – aber noch schwerer, unser Kind davon abzuhalten. Ich kann unsere jetzt Elfjährige nicht permanent überwachen. Vor einiger Zeit macht sich Subaia beim Besuch eines Wochenmarkts mit einem gleichaltrigen Jungen selbstständig, um Bratwurst und Pommes Frites zu besorgen. „Lass die beiden ziehen", beschwört mich Pauls Mutter. „Sie sind elf Jahre alt." Eine Viertelstunde später taucht Paul mit Subaia im Schlepptau wieder auf.

„Die sagt komische Sachen", erzählt Paul drucksend.

„Was war denn?", frage ich alarmiert nach.

„Am Würstchenstand hat Subaia einem Mann ihren Fünf-Euro-Schein auf den Tresen gelegt und gesagt: Den kriegst du, wenn du meine Mutter erschlägst."

Ich bin geschockt und nehme mein Kind zur Seite. „Warum sagst du so etwas, Subaia?"

„Ich meine ja gar nicht dich", beeilt sich meine Tochter zu sagen, „sondern meine erste Mama."

Wird das niemals aufhören? Oft verurteile ich Subaias Mutter für das, was sie bei Subaia angerichtet hat, obwohl ich mir solche Gedanken eigentlich verbieten will. Ich darf ihre leibliche Mutter nicht vor Subaia schlechtmachen. Ich möchte nicht noch mehr Wut in ihr erzeugen, als ohnehin schon da ist.

Ich rede und rede: „Du weißt doch, dass sich deine Mama nicht um dich gekümmert hat, weil ..."

Da unterbricht mich Subaia: „Irgendwann gehe ich zu ihr hin und frage, warum sie mich geschlagen hat. Aber dann nehme ich meine ganze Klasse und vor allem Bülent mit. Denn der kann ganz schön ausrasten."

Ich seufze. „Wenn du 16 Jahre alt bist, kannst du bei Frau Schuster Auskunft einholen und Kontakt mit deiner ersten Mama aufnehmen. Und wir werden dich dabei unterstützen."

„Na gut, Mama, aber du kannst nicht so gut kämpfen ..."

Doch, um dich kann ich kämpfen, mein Kind, zumindest mit Worten, denke ich für mich. Das Leben mit dir hat es mich gelehrt. Wir werden für dich da sein. Und aufpassen, dass sich deine Wut nicht irgendwann gegen uns richtet. Zum Beispiel, wenn du tatsächlich deine Mutter triffst und sie dir sagt, dass sie unschuldig ist, dich immer geliebt hat, dein Vater der Täter ist und wir dich ihr weggenommen haben. Bei diesen Gedanken fröstelt es mich. Ich rechne damit, dass Subaia ihre Mutter sehen will und all das passieren könnte. Ich möchte ihr ja ermöglichen, nach ihren Wurzeln zu suchen, aber es macht mir auch Angst. Seit ich Simon zum ersten Mal von eben diesen Ängsten berichtet habe, sind Jahre vergangen. Jetzt kommt die Pubertät immer näher. Meiner Meinung nach negiert Simon wie viele Väter die Tatsache, dass Subaia irgendwann nicht mehr sein kleines Mädchen sein wird, er Konkurrenz bekommt. Aber unsere Tochter wird sich von uns lösen wollen und auch müssen. Viele Adoptivkinder gehen dann auf Spurensuche.

Simon und ich versuchen immer wieder, Subaia darauf vorzubereiten, dass sie vermutlich nicht alle Antworten erhalten wird, die sie sich erhofft. Ein bis zwei Mal im Jahr schicken wir Subaias leiblicher Mutter weiterhin über die Adresse des Jugendamtes Briefe und Fotos. Inzwischen schreibt Subaia auch selbst ein paar Zeilen. Sie wartet bis heute vergebens auf Antwort. Ich merke, dass sie traurig ist, auch wenn sie nichts dazu sagt.

Kürzlich betrachtet mich meine heranwachsende Tochter eingehend, als wir beide im Badezimmer sind. „Mama, werde ich mal etwas von dir erben?"

Mir ist klar, in welche Richtung ihre Frage geht. „Das gleiche Temperament haben wir ja schon. Aber glücklicherweise wirst du nicht meinen ausladenden Allerwertesten und ein paar Familienzipperlein erben."

„Bekomme ich mal so einen Busen wie du?"

„Besser nicht", antworte ich lachend. „Aber deine erste Mama hat einen sehr hübschen Busen, soweit ich das bei unserem Treffen sehen konnte."

Subaia lacht nicht mit. „Von der will ich aber nichts erben." Dann besinnt sie sich: „Aber etwas hat sie auch gut gemacht, nämlich mich!"

„Das ist wohl wahr", entgegne ich und nehme sie in den Arm.

Unser Mädchen macht sich viele Gedanken und hält sich mit der Äußerung derselben selten zurück. Nachdem sie mehrfach im Unterricht aufgefallen ist, entgegnet sie auf die Frage ihrer Integrationshelferin Andrea nach den Gründen dafür: „Ich bin eben dumm und böse, das hat meine erste Mutter schon immer gesagt."

„Kann es sein, dass du glaubst, von deiner ersten Mama etwas Böses geerbt zu haben?", frage ich, nachdem mir Andrea davon berichtet hat. Sie nickt und steckt wie ein Kleinkind ihren Daumen in den Mund. Wenn ich sie in solchen Momenten ansehe, wird mir ganz schwer ums Herz. „Komm mal auf meinen Schoß. Kein Kind wird böse geboren. Dass deine Mama Fehler gemacht hat, liegt daran, dass es ihr als Kind sehr schlecht ging und sie keine Chance auf ein besseres Leben hatte. Du weißt ja, wenn Menschen Böses erfahren und keine Liebe bekommen, fällt es ihnen unter Umständen schwer, zu anderen Menschen lieb zu sein", erkläre ich Subaia wie schon so viele Male zuvor.

„Meine Mama war nicht lieb zu mir. Ich will lieber aus deinem Bauch gekommen sein."

„Das heißt aber nicht, dass deine Mama dich nicht lieb hat. Sie war aber so unglücklich über ihr eigenes Leben, dass sie schlecht mit dir umgegangen ist. Es ist leider einfacher, seine Wut auf Große an Kleineren auszulassen, das kennst du bestimmt selbst. Trotzdem ist es nicht richtig. Wir verstehen, dass du manchmal sehr wütend bist. Aber deshalb bist du kein böses Mädchen. Zum Vererben gehört viel mehr dazu, als aus dem Bauch gekommen zu sein. Hätte deine Mama eine Familie gehabt, in der es ihr gut gegangen wäre, wäre sicherlich vieles anders gekommen. Auch wenn Adoptivkinder nicht das Aussehen ihrer neuen Eltern erben, kommt es darauf an, was sie in ihrem späteren Leben erfahren und lernen. Dazu zählt unsere Liebe zu dir und unsere Erziehung, auch wenn die dich oft nervt. Aber auch diese wirst du von uns erben. Und du hast es ja schon selbst gesagt: Wir haben auch etwas von deiner Babymama geerbt, nämlich eine tolle Tochter."

Das ist für mich die Wahrheit. Und ich hoffe sehr, dass der Tag kommen wird, an dem auch unsere Tochter keine Zweifel mehr daran hat. Auch wenn sie mich manchmal zum Wahnsinn treibt und ich häufiger laut werde. Auch wenn ich selbst immer mal wieder ungerecht ihr gegenüber reagiere, weil ich überreizt und gestresst bin und mich dann für mein Verhalten und falsche Anschuldigungen bei unserem Kind entschuldigen muss – ebenso wie Simon. Bisher quittiert Subaia Eingeständnisse von unserer Seite mit gefälligem Wohlwollen.

Für mich verbinden sich mit Subaias nahender Teenagerzeit weitere Ängste: „Hoffentlich wird sie nicht vorzeitig schwanger wie ihre Mutter", habe ich einmal zu Simon gesagt.

„Dann werden wir in unserem hohen Alter zumindest noch Großeltern", hat er gefeixt.

Natürlich möchten wir beide auf keinen Fall, dass Subaias Zukunft durch eine frühzeitige Schwangerschaft verbaut wird. Auch hier hilft nur Reden und Aufklärung. Im Notfall müssen wir uns auf alle gegebenen Situationen einlassen. Das gehört nicht nur bei unserem besonderen Kind dazu.

Wir hoffen, dass unsere Tochter trotz der Schwierigkeiten auch schulisch ihren Weg gehen wird und müssen weiterhin lernen, unsere Ansprüche an sie herunterzuschrauben. Die meisten Kinder unserer Familie und Freunde gehen auf das Gymnasium. Es schmerzt uns manchmal ein bisschen, dass dies wohl keine Zukunftsaussicht für Subaia sein wird – und vermutlich auch kein Realschulabschluss. Aber in den vergangenen acht Jahren haben wir gelernt, unser Kind so anzunehmen, wie es ist. Positive Überraschungen sind bei unserer Tochter ganz bestimmt nicht ausgeschlossen, das haben wir häufig genug erfahren. Illusionen dürfen wir uns aber nicht machen, auch das haben wir inzwischen dazugelernt.

„Vielleicht geht sie ja zur Bühne", sage ich neckend zu Simon, „dafür braucht sie kein Abi und theatralisches Talent hat sie ja, wenn es auch nicht genetisch bedingt ist."

„Oh Gott, bitte nicht noch so eine von der Sorte", erwidert er grinsend.

Ich weiß jedoch, dass er heimlich leidet, weil seine Tochter in der Schule so schlecht mitkommt. Wenn er mit ihr Hausaufgaben macht oder für eine Klassenarbeit übt, verliert er schnell die Geduld. Und wir streiten manchmal darüber wer, wann, wie und ob wir überhaupt mit Subaia Lesen, Rechnen oder Sonstiges üben sollten. Vor allem Subaias Lernschwäche im Rechnen sorgt für eine Menge Zündstoff: Dass Papa ein Mathegenie ist und Mama diesbezüglich eine Niete, führt automatisch zu Konfrontationen. Ich bin auch nicht wild darauf, mit ihr Mathe zu üben, das habe ich selbst in meiner Schulzeit gehasst. Wir versuchen, unsere Tochter von unseren Streitigkeiten nichts spüren zu lassen. „Los, Zweierkuss", sage ich dann manchmal, wenn Simon und ich in Zwist geraten sind. Das wirkt meistens. Schön, dass Subaias kleine Tricks für uns Eltern tatsächlich etwas Verbindendes haben.

Bald steht Subaias Wechsel in eine weiterführende Schule an. Mehr als eine Hauptschulempfehlung kann Frau Hendrik wegen Subaias Lernschwächen nicht aussprechen. In Mathe ist sie teilweise auf dem Stand einer Zweitklässlerin. In Deutsch kommt unsere Tochter ganz gut mit, weil sie wortgewandt ist und viel Fantasie hat. Trotzdem sie nicht gerne liest, hat Subaia ein gutes Leseverständnis. Das liegt laut Aussage ihrer Lehrer auch daran, dass Simon seit nunmehr acht Jahren abends vorliest und unser Kind keinen Fernseher als Babysitter geboten bekommt.

Wir sind uns mit Frau Hendrik einig, dass eine Integrative Gesamtschule eine gute Lösung für unsere Tochter wäre. Dort hätte sie mehr Zeit für ihre Entwicklung, kann auch in den Fächern punkten, die von ihren Lernschwächen nicht betroffen sind. Subaias Integrationshelferin Andrea soll sie in die fünfte Klasse begleiten. Seit Monaten laufe ich von Schule zu Schule, um Werbung für mein Kind zu betreiben. Simon und ich hoffen inständig, dass wir eine Schule finden, die unsere Tochter ebenso vorbehaltlos aufnimmt und unterstützt wie ihre jetzige Grundschule.

Bei Dyskalkulie existiert nur bis zum Ende der Grundschulzeit ein Nachteilsausgleich und auch diesen berücksichtigen laut unseren Erfahrungswerten im Bekanntenkreis nicht alle Grundschulen. Ab der Sekundarstufe I (Klasse fünf bis zehn) müssen die Kinder laut Gesetz in Mathe mitkommen. Aber wie soll das gehen? Subaia kann rechnerisch bei ihrem jetzigen Leistungsstand unmöglich mit anderen Fünfklässlern mithalten. Die Angaben in der Schulverordnung sind nicht ganz eindeutig und auch bei Fachleuten umstritten. Wir hoffen auf Kulanz in der neuen Schule und beim Schulamt, um dennoch eine Differenzierung im Rechnen zu erreichen. Mit Schwierigkeiten müssen wir erfahrungsgemäß rechnen. Aber mit Subaias Hilfe haben wir ja inzwischen gelernt, uns durchzukämpfen und weitgehend den Spruch von Stanislaw Jerzy Lec zu beherzigen: „Wer den Himmel auf Erden sucht, hat im Erdkundeunterricht geschlafen!“

Auch wenn Subaia unser Leben sehr positiv beeinflusst, bedeutet unser Familienleben weiterhin viel Engagement und wenig Zeit für uns als Paar. Unser Tagesablauf ist zeitgebunden. Selbstverständlich muss unser Schulkind pünktlich ins Bett. Wenn Simon ankündigt, er sei abends um sieben Uhr zu Hause, fixiere ich spätestens ab Viertel nach sieben unsere Küchenuhr und bin schon voller Groll, weil der Papa unsere Tochter jetzt vielleicht doch nicht ins Bett bringt und ich mich doch eigentlich auf Freizeit oder abendliche berufliche Aktivitäten eingestellt hatte.

Da Subaia jetzt aber schon so groß ist, übernachtet sie manchmal am Wochenende bei Lino oder ihren Paten. Im vergangenen Jahr sind wir anlässlich meines 50. Geburtstags sogar für ganze drei Tage nach Venedig gereist. Wie ein frisch verliebtes Paar sind Simon und ich durch die Stadt gewandert und brauchten uns keine Sorgen um unsere Tochter zu machen, denn Subaia hat sich bei ihren Paten köstlich amüsiert.

Als ganz „normale" Familie können wir uns dennoch nicht immer fühlen, denn auch heute ist es so, dass manche Familien den Kontakt mit uns scheuen. „Die Eltern sagen es mir nicht ins Gesicht, aber ich merke ja, wenn sie Angst vor Subaias Verhaltensauffälligkeiten haben", beschwere ich mich bei meinem Liebsten. Vor Kurzem hat eine Klassenkameradin unserer Tochter eröffnet: „Meine Eltern hassen dich. Sie wollen nicht, dass ich mit dir spiele."

„Mach dir nichts daraus", tröste ich mein Mädchen. „Du hast ja ganz tolle Freunde. Sieh mal, mit Lino bist du jetzt seit fast acht Jahren befreundet."

„Ja, das ist toll", ereifert sich mein Kind. „Und das wird auch so bleiben."

Aber insgeheim schmerzt es auch mich, dass Subaia so wenig Chancen auf weitere Kinderfreundschaften hat.

Am einfachsten sind die Kontakte mit Familien, die unsere Geschichte teilen. Seit einigen Jahren engagieren wir uns bei Adoptiv- und Pflegeelterntreffen. Es tut gut, mit Eltern zusammen zu sein, die unsere Situation verstehen können. Und Subaia tut es gut zu sehen, dass sie nicht das einzige Kind ist, das nicht bei seinen leiblichen Eltern lebt und eine besondere Geschichte hat.

Glücklicherweise gibt es aber eben auch die anderen, vielen schönen Momente, die alle Schwierigkeiten aufwiegen. Manchmal eröffnet uns Subaia morgens: „Ich bin heute LKDW." Simon und ich haben eine Weile gebraucht, um den Sinn dahinter zu begreifen: Das liebste Kind der Welt. Erfahrungsgemäß hält sie sich nur bedingt an ihr Vorhaben.

„Ich krieg dich noch erzogen", sage ich ab und zu.

„Ja, ja, Mama", antwortet sie dann naserümpfend und grinst.

Wenn wir sie fragen „Bist du glücklich?", sagt sie: „Ja, über euch."

Dann geht mir das Herz auf. Und ich sehe in Simons gerührtes Gesicht. Alles ist gut so wie es ist, sagen seine Augen. Wir sind eine Familie und halten zusammen. „Los, Dreierkuss", sagt unsere aufmerksame Tochter und strahlt über beide Ohren.

Dass Subaia inzwischen auch sehr viel mehr Gefühle und Schmerz zulassen kann und zu sozialer Kompetenz fähig ist, beweist sie uns immer wieder. Als wir vor ein paar Monaten ihr betagtes Meerschweinchen morgens tot im Käfig auffinden, vergießt unsere Tochter erst keine Träne. Und sie will ihr geliebtes Haustier partout nicht mit Simon im Wald beerdigen, zieht es vor, zu ihrem Freund Lino spielen zu gehen. Nach Simons Rückkehr sagt sie: „Jetzt wissen wir wie Meerschweinchen sterben, nämlich ganz leise." Simon ist traurig, sie nimmt ihn in den Arm und tröstet ihn. Erst beim morgendlichen Stuhlkreis in der Schule vergießt sie bittere Tränen.

„Ich will einen Hund", verkündet Subaia kurze Zeit später.

„Mäuschen, du weißt doch, dass wir in unserer Wohnung keinen Hund halten dürfen."

„Dann eben ein Geschwisterkind."

„Das hätte eindeutige Vorteile gehabt", flüstere ich Simon ins Ohr und leide innerlich ein bisschen. „Nein, im Ernst: Mit einem Hund könnte sie spielen und würde uns nicht mehr so auf die Pelle rücken."

„Mal sehen", sagt Simon, „da unsere Wohnung verkauft werden soll, müssen wir ja ohnehin umziehen."

Nachdem wir in ein neues Zuhause mit Garten gezogen sind, erfüllen wir Subaia ihren Wunsch: Unsere Familie erweitert sich. Ein kleiner Hund zieht bei uns ein. „Wir haben ihn aus einem spanischen Tierheim adoptiert“, erzählt Subaia allen stolz. „Jetzt ist er mein kleiner Bruder.“

„Seid ihr des Wahnsinns?“, sagen besorgte Freunde. „Ihr habt doch schon mit eurem Kind so viel Verantwortung. Musste es jetzt noch ein Welpe sein?“ Aber Einstein ist fast so etwas wie ein Therapiehund. Seine Wirkung auf Subaia ist verblüffend – und außerdem erziele ich bei der Erziehung des Vierbeiners schnellere Erfolge. Allerdings machen Frauchen und Hundchen oft gemeinsame Sache gegen mich. Aber den Welpen kann ich zumindest noch am Schlafittchen packen, mein Kind reicht mir schon bis zur Schulter.

Subaia wächst und gedeiht und wir wachsen an ihr. Wenn wir über die vergangenen acht Jahre resümieren, sagt Simon nach wie vor: „Unsere Tochter ist das das Beste, was uns im Leben passieren konnte.“ Ich kann mich ihm nur anschließen und über seine Einstellung bin ich sehr froh. So manches Mal brachte sie mich auf den Boden der Tatsachen zurück, wenn ich mit mir selbst im Unreinen war. Wir bewundern unsere Tochter für ihre Stärke, ohne diese hätte sie vermutlich weder ihre Geburt noch die darauf folgende Zeit überlebt.

„Manchmal seid ihr richtige Teufel, aber oft auch die Sonnenstrahlen meines Lebens“, sagte Subaia vor Kurzem, nachdem wir sie wegen ihrer mangelhaften Tischmanieren gerügt hatten. „Und ich bin so froh, eure Adoptivtochter zu sein.“

„Das beruht auf Gegenseitigkeit“, habe ich geantwortet und meinen Blick in ihre lachenden braunen Augen versenkt.

Ein Brief an zukünftige Adoptiveltern

Mein Rat an zukünftige Adoptiveltern: Habt die Kraft und die Motivation, euch euren Kindern zuzuwenden und sie mit ihren Defiziten anzunehmen. Versucht trotz aller Widrigkeiten, euch eure persönlichen Interessen und vor allem eure Beziehung als Paar zu erhalten. Lasst eure Kinder auch mal los und kümmert euch um eure eigene Person. Seid offen, bereitet eure Adoptivkinder beizeiten vor, ermöglicht ihnen Informationen, um die eigene Herkunft zu begreifen. Das ist die einzige Chance, damit eure Kinder gerüstet sind, um mit der eigenen Geschichte umgehen zu können. Auch Adoptivkinder haben ein Recht auf ihre Identität. Schließt euch anderen Adoptiv- und Pflegeltern an. Denn diese werden am ehesten eure Situation begreifen und gute Gesprächspartner für euch sein. Und auch für eure Kinder ist es wichtig zu erleben, dass sie nicht die Einzigen mit einer ungewöhnlichen Lebensgeschichte sind.

Lasst euch keine „Maßnahmen" von therapeutischen und pädagogischen Fachleuten einreden, wenn ihr nicht wirklich dahinter steht, sondern folgt eurem Bauchgefühl. Niemand kennt eure Kinder besser als ihr. Sprecht mit euren Kindern, wenn sie euch psychisch an eure Grenzen bringen. Erklärt ihnen, dass es eure Aufgabe als Eltern ist, ihnen einen Weg in dieser Gesellschaft zu ebnen und dass gewisse Regeln zum Zusammenleben dazugehören. Steht zu eurem Ärger und betont gleichzeitig, dass Auseinandersetzungen aber nichts an eurer Liebe zu euren Kindern ändern und dass ihr immer für sie da seid. Gebt eigene Fehler zu und erklärt euren Kindern, dass ihr eben Eltern und Menschen seid.

Ihr werdet nie perfekt sein, aber dieses Schicksal teilt ihr mit Millionen Eltern, die ein leibliches Kind ihr „eigen" nennen!

Danksagung

Allen voran danke ich meiner einzigartigen Tochter, die mir erlaubte, ihre Geschichte aufzuschreiben und sich auch mein Pseudonym ausdachte, obwohl sie dieses Buch erst in reiferen Jahren wird lesen dürfen. Ich danke meinem großartigen Mann für seine Liebe und Unterstützung. Danke auch an meine Agentin Elsa Middeke und meine Lektorin Julia Sterthoff, die sich mit Argusaugen und viel Geduld um mein Manuskript bemühten. Und ich danke meinen Freunden, die mir oft Hilfestellung gaben sowie den Betreibern meiner beiden Stammcafés, die mich während meiner stundenlangen Schreiberei kulinarisch und moralisch umsorgten!

Achtung – Verantwortung – Respekt

Jesper Juul
Aus Erziehung
wird Beziehung
Authentische Eltern –
kompetente Kinder
Hg. von Ingeborg Szöllösi
160 Seiten, Paperback
ISBN 978-3-451-05533-1

Kinder auf eine sensiblere Art sehen und ernst nehmen und störendes Verhalten in Botschaften übersetzen: Das führt zu Autorität auf der Basis von Achtung, Verantwortung und gegenseitigem Respekt.

In jeder Buchhandlung

HERDER

www.herder.de

Lesen ist Leben

Leben – Seele – Seelenleben

Luise Reddemann
Eine Reise von 1.000 Meilen beginnt mit dem ersten Schritt
Seelische Kräfte entwickeln und fördern
160 Seiten, Paperback
ISBN 978-3-451-05919-3

Dieses Buch ist nichts weniger als eine kleine Schule der Lebenskunst, die uns zeigt, wie wir uns aus Blockaden befreien und Leichtigkeit und Gelassenheit zurückgewinnen können.

In jeder Buchhandlung

HERDER
Lesen ist Leben

www.herder.de